Make My Best Life《メイク マイ ベスト ライフ》

私らしい部屋づくりの秘訣

Author／ほしのこ

はじめに

みなさんこんにちは、主婦ＹｏｕＴｕｂｅｒのほしのこです。新婚ほやほやの２０１７年にＹｏｕＴｕｂｅで動画投稿を始め、２０２１年11月現在、登録者数が約44万人になりました（いまだに信じられない！）。特に人気なのが収納系の動画。視聴者さんからは「部屋を片づけたくなりました」「快適な家になりました」という声をたくさんいただきます。私の動画がだれかの行動のきっかけになっているのがすごくうれしいです。

この本に、収納マニアの私が長年培ってきた片づけメソッドをギュギュッと凝縮しました。ＯＬ時代から効率重視の私。仕事、家事、育児と忙しい人でもたった1週間で家がキレイに生まれ変わるよう、シンプルで具体的な方法を7つのレッスンに分けてご紹介します。

さあ、チャチャッと気持ちいい家に変身させましょう！

……といっても、片づけって面倒ですよね。私だってやる気が出ない日もあります。でも、疲れて帰ってきたときに家がぐちゃぐちゃだったら、もっと気が滅入っちゃいます。

家は心と体が帰る場所です。のびのびリラックスできるようにリセットしましょう！

家がキレイになると、もやもやした気分もリセットできて仕事や家事のやる気が出てきます。大切なのは、片づけやすい家にすること。これから紹介する方法を実践すれば、疲れている日も面倒くさい日もササッとキレイにできる家になります。

「何から手をつければいいかわからない！」という方は、とりあえず本書を読むだけで大丈夫です。

まずは、ページをめくってみてください。

片づけのキホン

1

持ち物を把握し、
必要な物だけを買う

私もひとり暮らしを始めたころは、
かわいいものを買い集めていました。
家が物であふれていたため、
何があるかわかってなかったんです。
どんなにかわいくても必要じゃない物は使わないので、
買ったことすら忘れてしまうんですよね。
置きっぱなしの物が増えて家が汚くなり、
結局ストレスになります。
物を大切にするには“自分が何を持っているか”
“自分は何をよく使っているか”を把握して、
買う前に「本当にこれは必要なのか」と考えるべき。
今、家にある物と向き合って、「絶対に活用できる！」
と思ったら新しい物を家に迎え入れましょう。

片づけのキホン

2

“見える収納”で物を見つけやすくする

ふとしたときに、
厳選して買った物を棚の奥から発見して
「買ったの忘れてた！」ってなることがありますよね。
私は以前、見た目重視の“隠す収納”にハマっていましたが、
私以外の家族は物を見つけにくく、
いちいちラベルを貼るのが面倒でした。
何事も効率的にするには見える化が大事！
今は透明のケースに入れたり、フックに引っ掛けたり、
立てて収納したりし、“見える収納”を意識しています。
ひと目でわかるので、探す手間が減るんです。
もちろん何から何まで“見える化”しているわけではなく、
隠す物、見える物のバランスを整え、
美しい“見せる収納”にしています。

片づけのキホン

3

導線を考え、
使う場所に収納する

つい“置ける場所”に物を収納してしまいがちですが、
取り出す手間がストレスになっているかもしれません。
ストレスフリーにするには、物を使うときの導線を考え、
最短距離で手に取れる場所に収納するのがベストです。
1か所にまとめがちな掃除グッズも、
掃除する場所ごとに収納すれば
毎回取りにいく手間が省けます。
我が家では、クイックルワイパーを廊下に置いて、
気づいた人がその場で掃除できるようにしています。
家族が生活する導線を考えることも大切。
たとえば娘の物は、娘自身が
取り出しやすいように、低い位置に置いています。
そのかいあって、すっかり片づけ上手に育ちました。
家族の生活の動きもよく観察しましょう。

片づけのキホン

4

「億劫だな」と思ったら片づけを見直す

整理収納はライフスタイルに合わせて
見直すことが大事です。
物が増え、収納しにくい場所ができたりして
「なんだか片づけるのが億劫だな」と思ったら
片づけを見直すタイミング！
どこかに片づけが億劫な原因があるはずです。
物が増えすぎていたら、
物の整理をし「不要なものは手放す」、
収納しにくかったら「収納を見直す」など、
見直しポイントを探りましょう。
忙しいときは「〇〇を片づける」とメモして
家事や仕事がひと段落してから着手を。
おすすめは晴れた休日！
楽しく明るい気持ちで片づけができます。

片づけのキホン

5

片づけの第一歩は“手放す”こと

いざ片づけのスイッチが入ると、
すぐに収納グッズを買ってしまい
「収納グッズに物が入りきらなかった」
「そもそも収納グッズを置く場所がない」
などなど、失敗して後悔することも……。
物を大事に使うために、
まずはいらない物を手放しましょう。
本当に必要な物を選び、収納スペースに
収まる分だけに絞っていきます。
理想の量は収納スペースの80%以下！
これを心がけるだけで、
リバウンドしにくい収納が叶います。
物の把握ができて出し入れしやすくなり、
長く物を愛することができますよ。

本書について

- 私の自宅をモデルに、収納テクニックやインテリアの紹介をしています。

- 紹介している収納アイテムなども私物なので、現在発売されていないものもあります。

- Lesson1は最初に取り組んでください。Lesson2以降については、「やりたい！」と思ったところから自由に着手して大丈夫です。

※商品の紹介ページに掲載されているものは、2021年10月現在の情報です。各メーカーのホームページなどで最新の情報をご確認ください。

Contents

Lesson4

毎日をキレイに保つ

Lesson5

インテリアで“自分らしさ”を飾る

Lesson6

私らしく過ごす

Lesson7

大切な人と過ごす

物を捨てられないあなたへ

「ほしのこちゃん、私の家を片づけて！」

という人には共通点があります。それは、物を手放せないこと。どんなに家をキレイにしたくても、手放さなければ片づけられません。「もったいないから」「思い出があるから」「もらい物だから」……。その人ごとに手放せない理由があって「手放さないと汚いままだよ」と言っても、この最大のハードルをなかなか乗り越えられないのです。

　使わない物をずっと置いておくことは、家にとっても物にとっても不幸なこと。家のキャパに収まる量にすることで、持ち物を無駄なくフル活用でき、すっきりした空間をつくれます。その心地よさを体験すると、「物だらけの生活に戻りたくない！」と感じて、キレイな家を保てる人になれるんです。ぜひ本書のレッスンを参考にして、手放す力と心地いい家を育ててください。

Lesson 1

手放し上手になる

あっても使わない物は、
もったいないだけではなく、
必要な物のスペースを奪ってしまいます。
“片づけ上手は手放し上手”を合言葉に
もっと物を愛し、そして愛せる家にしましょう。

家にある物すべてを把握していますか？

家中に物があふれていると
どうがんばっても片づけられません。
食べ物が腹八分なら、物の量は家八分に。
まずは、整理したい物を全部出して
〝いる物〟と〝いらない物〟に仕分け、
収納できる分だけに減らしましょう。
それが片づけの第一歩です。

上手に手放すためのヒント

HINT 1
迷ったときは「一時保管ボックス」に

手放すか迷ったら
一時保管して様子見を！
時間が経ってから考えます。

HINT 2
1年以上使っていない！手放す物の有力候補に

「いつか使うかも」は片づけの大敵。
「この1年で使ったか」を目安に、
物の見直しを！

HINT 3
物があふれたら入る分だけに減らす

収納場所に入る分だけに厳選。
あまり使わない物は、譲るか、
フリマアプリに出品するのが◎

HINT 4
思い出グッズはデータで残す

増えやすい思い出の品は、
写真でアプリに残すなど
データ化してさよならを。

物を手放して、片づけスイッチを押そう

KITCHEN《キッチン》

調理器具、食器、ストック食品の適正量を見極める。

1

調理器具は使い勝手のよい物だけに

毎日使う調理器具は、機能性を重視。料理のやる気が出るように、使い勝手のよいアイテムを厳選しています。毎日の家族の食事を時短でつくれるので、家事の効率もグンと高まります。

2

食器の数は人数を基準にする

毎日の献立を基準に、必要な食器の数を決めています。特に多くなりがちなカップやグラスの数は1人1点＋αで、来客用も必要最低限に。1年使わなかったら手放します。

3

食品の過剰包装を取り除いてから収納

買い物から帰ったら食品のパッケージは捨て、透明のケースにまとめて収納します。食材はカットしてから袋に入れて冷蔵庫へ。小さなスペースにたっぷり入り、中身も見やすくなります。

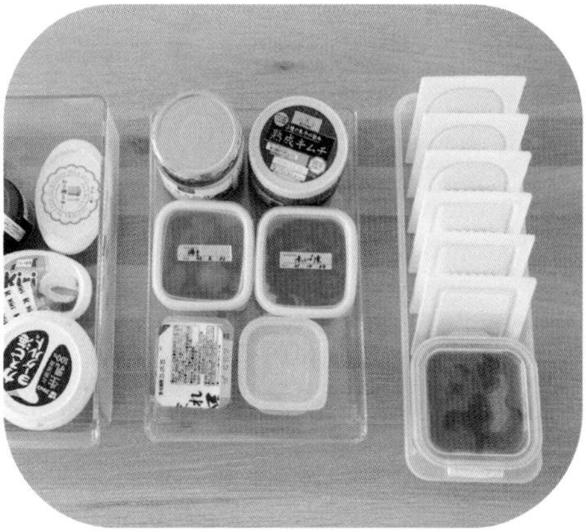

4

賞味期限が近い物は目につく場所に

食べ物をムダにしないよう、賞味期限が近い食品や、滅多に使わない調味料類は目に入りやすい場所へ。奥のほうにしまっていると気づかないので、ストックはこまめにチェックを！

衣類

CLOTHING

着る服だけあれば、十分幸せ。

衣替えと同時に“いらない服”も分別

一度にすべてを見直すのは大変なので、衣替えのタイミングで、着る服、いらない服、しまっておく服に分けておくと整理がスムーズ。しばらく着ていない服はありませんか？　去年たくさん着た服も、今の気分に合わなければお別れを。私はフリマアプリに出品したり、知人に譲ったりしています。

服の見定めポイント①

- 今の気分に合わない
- 去年着なかった
- 汚れやほつれがある
- 同じような服が複数ある

ぎゅうぎゅうの引き出しは着る服だけに減らす

引き出しの中の服にシワがつくくらいぎゅうぎゅう詰めになっていたら物量オーバー。まず同じ種類の服をまとめて、似ている服は１着だけに。なかなか決められないときは、着る頻度が低い服から手放し、無理なくしまえる量に減らすと、大切にしたい服だけ残せます。

服の見定めポイント②

- 服の形状が崩れている
- 同じ物ばかり着ている
- 似たものが多い
- 目的のものを探しにくい

子どものもの

CHILDREN'S THINGS

増えやすい子どもグッズは、上限を決める。

1

おもちゃも適正量に子どもと取捨選択を

増えやすい子どものおもちゃは、収納場所に収まる量だけに。「さよならできるおもちゃはある？」と聞き、増やしたら減らします。最後は「今までありがとう」でさよならを。

2

一時保管スペースもこまめに見直しを

「最近使ってないな」と思って手放したい物は、一時保管スペースにいったん置き、見直し期間を設けて。1年以上使わなかったり、スペースが埋まったりしたタイミングで手放します。

3

絵や工作品などは一時保管後、写真に残す

子どもの作品には思い出があり、いちばん手放しにくいかもしれませんが、増える一方なので、しばらく飾ったら写真に残して手放しを。データにしておけば、いつでもどこでも見返せます。

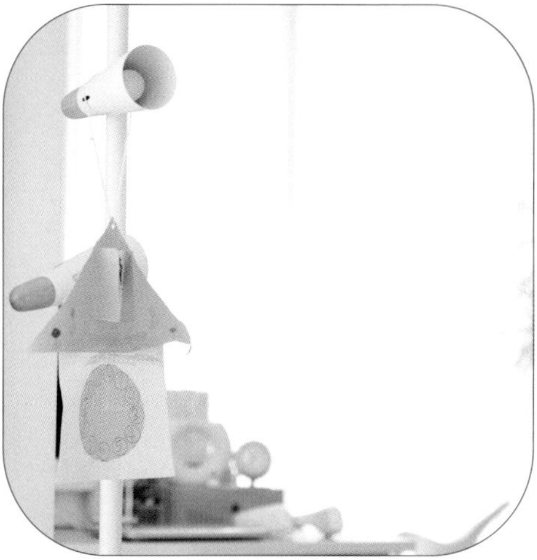

ブロックなど細かな物は、ひとつのボックスにまとめると整理しやすい

4

子どものアイテムは増えたら減らすのが鉄則

成長するにつれどんどん増える子どものアイテムは、「増えたら減らす」を鉄則に、しまえる量をキープしましょう。見つけやすくしまいやすい環境をつくることで、片づけの習慣も育めます。

私の
日常と愛情
1

キレイ好きな家族の育て方

— 夫と娘に向き合って —

夫のじゅんくんと付き合い始めたころ、彼の家には洋服や趣味のグッズが山ほど散らかっていました。多趣味で、欲しいものをどんどん集めるコレクター気質で、整理しないままあちこちに詰めこんでいて、所有物を把握していなかったんですね。

そこで、じゅんくんの家にある物をすべて出して、いらない物は手放してもらうことに。必要な物は置き場所を決めて「ここにしまってね」と促すようにしたら、じゅんくんも“必要な物を選んで買う”“出した物はしまう”といった意識が生まれて、少しずつ片づけができるようになったんです。

娘のうーたんも新しいおもちゃを欲しがりますが、本当に必要か考えさせるようにしています。ただ「ダメ！」というのではなく「これもあるけど、本当にそれは必要？ もし買うなら、どれか1つはさよならしようね」と伝えると、物を大切にするようになりますし、必要以上に物が増えないので散らかりません。今では、「これはさよならするね」と自ら手放すようになりました。夫も娘も、キレイにする習慣が生まれています。

2

物の置き場所を決める

使わない物を手放したら、

使う物を使う場所に置いて、生活を楽にします。

ポイントは“生活導線”をイメージすること。

家具や収納ボックスなどを購入する前に、

「物をどこに置けば便利か」を考えましょう。

そこに置いてある物、どこで使いますか？

物を厳選できたら必要な場所に置きます。
使う場所と収納する場所が離れていると
〝使われない〟か、〝収納が乱れる〟かの
どちらかになりがち。
ふだんの生活導線を意識して
取り出しやすく片づけやすい場所に
置くと、手間が省けます。

上手に置くためのヒント

HINT 1
**置ける場所ではなく
使う場所に置く**

物は使う場所に置くのがベスト。
「あれどこだっけ？」と探す手間や
取りにいく手間がなくなります。

HINT 2
**生活導線に合わせて
配置する**

ふだんの行動を考えて配置すれば、
最短の移動で物を活用でき、
片づけもスムーズです。

HINT 3
**取り出しやすさを
意識した収納に**

小さな動きで取り出せるように。
また、子ども専用の物は低い場所に
置くなどします。

HINT 4
**家具はデザイン性と
機能性で選ぶ**

色や形などデザインを統一すると
部屋がすっきりします。
収納力もマストです！

物がきらめく場所に置く

DINING LAYOUT《ダイニングレイアウト》

家具は「ここでこうしたい」を叶える存在。

理想の過ごし方に合わせて家具を置く

家族との時間を大切にするために、夫と娘がよくいるリビングとダイニングの間に仕事用のデスクを置いて、仕事中でも家族と同じ空間で過ごせるレイアウトにしました。気軽に移動できるので、気分を変えたいときはダイニングテーブルやリビングテーブルで仕事をすることもあります。

レイアウトのポイント

- 過ごしやすさを重視する
- 家具のテイストを合わせる
- 通り道を確保する

忙しく過ごす空間には
グリーンでゆとりを

家事や仕事をするダイニングの窓際には、大きい観葉植物を飾って穏やかな空間に。ふと顔を上げたときに緑があると、気持ちがリセットできて癒やされます。

仕事アイテムは
デスク内にまとめる

この一角で作業を満たせるように、仕事アイテムも厳選し、デスクと可動式の引き出しに収まる分だけにしています。椅子も可動式で回転するタイプで、部屋全体を見渡すのに便利。

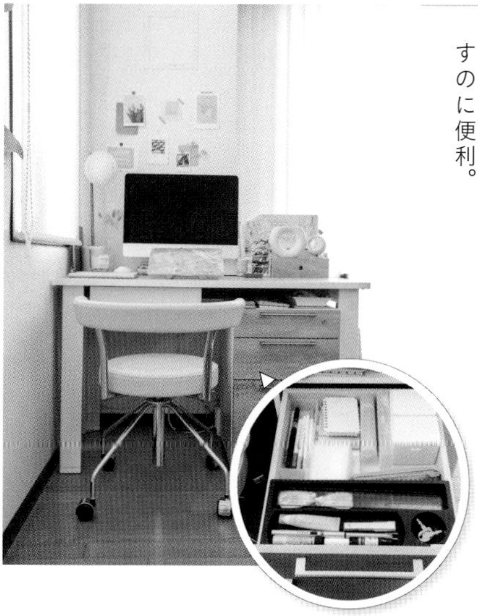

LIVING LAYOUT《リビングレイアウト》

引き算でつくる、くつろぎの空間。

低い家具で開放感を
ゆったり安らぐ空間に

リビングにはいろいろ置きたくなりますが、物がありすぎると窮屈になり、開放感が失われます。リビングは収納する場所ではなく、手足を伸ばしてくつろぐ場所と考え、家具などで行き止まりをつくらないこと。低いものを中心にレイアウトし、座ったときに“抜け”を感じられるように。

開放感演出ポイント

- アイテムを置きすぎない
- 低い家具でレイアウト
- 色味を統一する

ファブリック類はナチュラルカラーに

ブランケットやクッションに迷ったら、どんな部屋にもなじむナチュラルカラーをチョイス。控えめな色なら自然に溶けこみ、リラックスできるやさしい空間になります。

窓を遮らず光に満ちたリビングに

縦型のブラインドは圧迫感がなく、部屋を広く見せます。カーテンよりコンパクトにまとまり、隅まで掃除しやすいのもポイント。窓際は背が低く、光と調和する白系の家具を置き、明るく開放感ある空間に。

子どものスペース

CHILDREN'S SPACE

子どもの過ごし方に物を合わせる。

子ども部屋は
"子どもの目線"で置く

子どもが自分で片づけられないのは、出し入れしにくい環境のせいかもしれません。子ども部屋は低めの家具を置き、なるべく子どもが背伸びしなくても出し入れできるように。物が倒れる心配がなく、地震対策にもなります。入りきらない物は壁にかけ、見つけやすい状態にするのがおすすめ。

子ども仕様のポイント

- 子どもの身長に合わせる
- 子どもが物を出し入れできる収納
- 見つけやすい場所に置く

お気に入りのおもちゃは子どもがよくいる場所に

子ども部屋があっても実際はほとんどリビングで過ごしているので、お気に入りのおもちゃはリビングに。移動が最小限になるので、片づけもしやすいです。

絵本や学習ブックは表紙が見えるラックに収納

本を読むのもリビングが中心。子どもが「この本が読みたい」と自分で取り出せるように、表紙が見えるラックに収納してリビングに置き、定期的に入れ替えています。

調理アイテム

COOKING ITEMS

“調理中でも片手で取り出せる”が目標。

キッチン下は
空間を仕切ってフル活用

調理器具は料理中に片手で取り出せるよう、重ねずに立てて収納。スタンドにボウル、鍋、フライパンを立てて並べ、どこに何があるかひと目でわかり、パッと取れる空間にします。さらにスタンドや台で空間を仕切って収納力を上げることでスペースを無駄にせずフル活用できますよ。

すっきりさせるコツ

- 重ねずに立てて置く
- 収納グッズで省スペース化
- 色とデザインを統一する

使用頻度の高い物は取り出しやすい場所に

食器は棚だけでなく引き出しも有効活用しています。調理台に近いので取り出すのもしまうのも効率的。種類ごとに立てて収納することで、必要な物がすぐ見つかります。

高い場所の収納は取手付きボックス

取り出しやすい取手付きボックスは、手が届きにくい高い場所の収納にぴったり。お弁当セットやティーセットなどジャンルごとに分け、そのボックスを取り出すだけで作業ができるように。

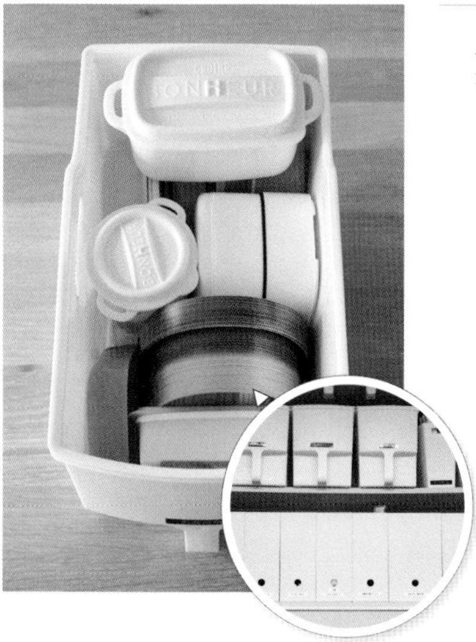

冷蔵庫の中

IN THE REFRIGERATOR

調理がはかどる置き方を追求。

食材は
調理場所の近くに

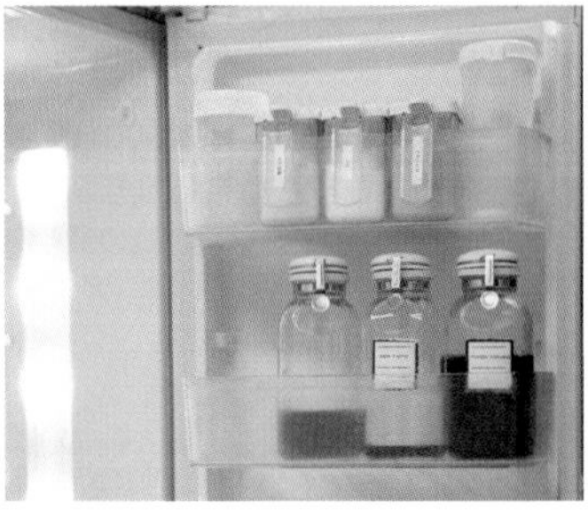

冷蔵庫内は食品や食材ごとにまとめてから、使う場所の近くに配置します。加熱調理に使うものはコンロに近い扉へ、仕込みや盛りつけ後に使うものは調理台に近い扉に置き、最短距離で取り出せるように。だから調味料は1か所にまとめず、使う場所の近くにそれぞれ置いています。

時短を叶える置き方

- 食品ごとに区分けする
- 使う場所の近くに配置する
- 調味料も使用頻度によって置き場所を分ける

冷蔵庫は食品ごとに透明ボックスで分ける

冷蔵庫の奥行に合った透明なボックスに、包装から出した食品を入れ、コンパクトに見える化しました。ケースで食品の定位置を決めておくと、買い足しの目安になり、賞味期限切れを防げます。

冷蔵庫のドアポケットは100均グッズで仕切る

調味料がごちゃつきやすいドアポケットは、100均の仕切りやケースで整理。ドアの開閉による傾きも防ぎます。スムーズに取り出せるよう、置き場所を決め、ひと目でどこに何があるかわかるようにしましょう。

衣類収納レイアウト

CLOTHES STORAGE LAYOUT

その場でトータルコーディネートできるように。

クローゼットで
身支度を完了させる

クローゼットはイケアのワードローブを組み合わせ、左側に夫、右側に私の服を置いています。アウターやボトムスなど種類ごとに、棚や引き出しを分けて収納。クローゼット内で身支度が完了するよう、アクセサリーや香水、鏡も置いて、トータルコーディネートを楽しめる場にしています。

スペース設計のコツ

- 人・種類ごとに場所分け
- 装飾品や香水もセットに
- 姿見があると便利

Tシャツなどたくさんあるアイテムは、色別に並べるとすっきりします。オフシーズンやアウトドアの服など、使用頻度が低いファッションアイテムは棚上のボックスに分けて収納。しまう場所に迷ったものは、一時保管用のボックスに入れておき、時間があるときに整理します。

すっきり空間のコツ

- 色別に並べる
- 出番が少ないものは棚上へ
- 一時保管ボックスを活用

子どもの成長

CHILD GROWTH

子どもの動きに合わせて置き、ドタバタ防止。

通学やお出かけグッズは
玄関がベスト

クローゼットで身支度しても、玄関で「カバンを忘れた！」と引き返したり、子どもに「帽子がない〜」といわれたりとバタバタしがち。玄関のハンガーラックに通園、習い事などのお出かけグッズをまとめておくことで、便利かつコンパクトな省スペース収納ができ、忘れ物や遅刻も減りました。

アイテム選定ポイント

- マストなお出かけアイテムのみをかけておく
- よく忘れる物を置く
- 子どもが取り出せる高さに

子どもの衣類は脱ぎ着する場に収納すると楽

大人用の靴下は洗面スペースに収納していますが、子どもの靴下は玄関に収納。子どもは室内だと裸足で過ごすことが多く、靴下をはくのはお出かけ前。玄関にあったほうがスムーズなんです。

大人の靴下は
洗面スペースに

子どもの靴下は
玄関に

かわいい踏み台なら出しっぱなしでもＯＫ

子どもが使う踏み台は、洗面所の前に常に出しておき、自分のことは自分でできるように。軽いので必要な場所への持ち運びも楽々です。

私の
日常と愛情
2

小さな家族と暮らす リビング・ダイニング

今はトイプードルの“ティム”と“エル”、桜文鳥の“なごみ”と暮らしています。ティムとエルのケージはダイニングとリビングのちょうど真ん中に。部屋中を元気に駆け回っていることが多いのですが、ケージは生活導線の中心に置いて、いつでも触れ合えるようにしました。リビングのソファでいっしょにくつろげるように、ソファの横には階段をつけています。なごみは匂いに敏感で繊細なので、ゆっくり落ち着いて過ごせるように、ヒーター付きの鳥かごをリビングの角に。その隣に大きな観葉植物を置きました。

また、ペットは種類によっても、その子の個性によっても、心地いい環境が異なります。家族全員が気持ちよくいっしょに過ごせるように、最適解を探すのが大切。どこか妥協しなくちゃいけないこともありますが、少しずつ調整しながら快適な家づくりをしています。

お別れも何度かあって、旅立った子が使っていた物を手放せずにいたこともありましたが、思い出だけぎゅっと抱きしめて手放しました。今も昔も大切な家族であることに変わりはありません。

Lesson 3

収納を工夫する

必要なものを必要な場所に置いても、
取り出しにくいと片づけも散漫になり、
乱れた空間に。物の形状に合った収納をすると
利便性も見た目も段違いによくなります。

しまってある物、すぐに見つけられますか？

物を適した場所に置いても、
収納場所がごちゃごちゃしていたら
見た目が悪く、物が見つけにくいです。
すっきり整理するコツを学んで
限られたスペースを有効活用し、
すぐに取り出せるようにして
生活しやすくしましょう。

上手にしまうヒント

HINT 1
**仕切りを多用し
小さな収納をつくる**

直置きだとごちゃつくものは、
小さなボックスや仕切りで
小分けするとすっきり！

HINT 2
**整理さえすれば
見える収納でもキレイ**

すでに整理したものをしまうのが、
収納。整理さえできれば、
見える収納でもまとまります。

HINT 3
**プチプラアイテムで
収納をカスタマイズ**

100均の仕切りやケースなどを
上手に活用して、コスパよく、
収納力を高めましょう。

HINT 4
**置き場所の採寸をして
収納アイテムを買う**

買ってから置き場所にフィット
しないという悲劇はよくあること。
購入前の採寸は必須です！

物も私も心地いい
収納をつくる

KITCHEN STORAGE《キッチンスペース》

“ぎっしり”を“すっきり”に変えるコツ。

種類別に
まとめてすっきり

毎日使う食器は取り出しにくいとストレスになるので、棚に詰めこむのはNG。コップや皿など種類別にスペースを分けて、すっきりした状態になる分だけに絞って並べます。それでも取り出しにくいときは、棚に合うサイズの収納アイテムで2段に分けるなど工夫すれば、きれいに収まります。

理想的な配置

- 種類別にまとまっている
- スペースに余裕がある
- 無駄な空間がない

収納アイテムで
仕分けてすっきり

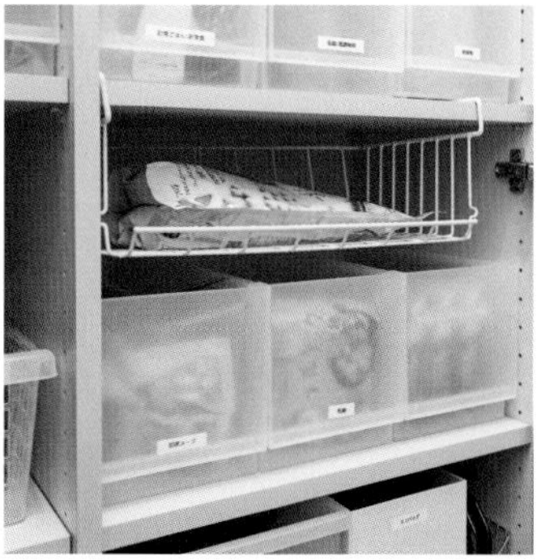

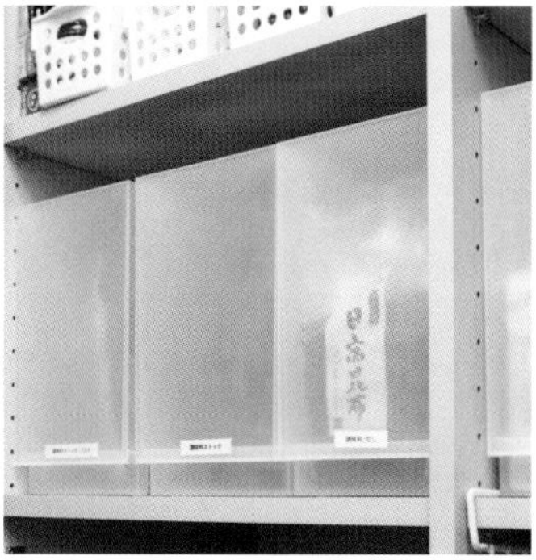

収納アイテムは、収納するスペースや収納する物の形に合わせて、すっきり、ぴったりしまえる物を選びましょう。同じ段は同じ収納アイテムに統一するだけで、まとまりが出てスマートに。探しやすさや取り出しやすさを保つには、ジャンルごとに収納するものをまとめておくのがポイントです。

収まりのよい配置

- スペースにぴったりはめる
- 段ごとに種類を統一する
- 物を入れすぎない

食品とキッチンツール

FOOD & KICHEN TOOLS

調理のしやすさと見つけやすさを両立させる。

1

加熱調理に使う物は同じ場所に収納

コンロの前に立ったまま調理できると時短に。備え付け収納がない場合は、キッチンワゴンなどの活用が◎。使用頻度の高い物を手前や上部に置き、使う順番に並べるのもポイントです。

2

粉物、麺類、ナッツ類は瓶やプラケースに

パスタやナッツなどを透明な瓶やプラケースに入れれば、出しっぱなしにしても見た目よし。収納アイテムの種類やサイズを統一すれば、重ね置きもできて省スペース化に。

3

カトラリーは ジャンルで区分け

引き出しに入れるカトラリー類は、箸、スプーンなどジャンルごとに小分けして収納。日常使い用と来客用など、使用頻度で分けて、取り出しやすい収納を心がけます。

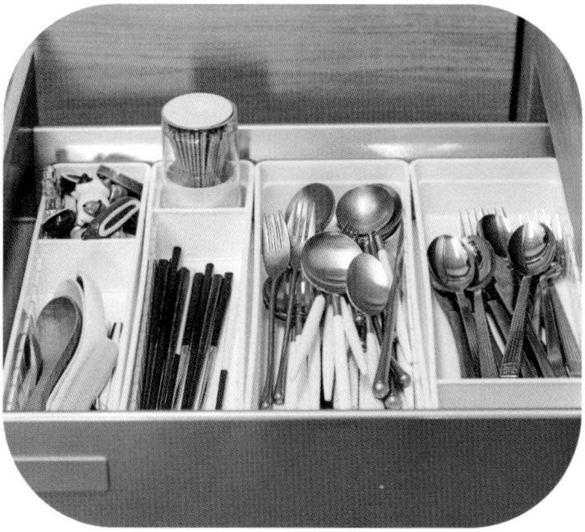

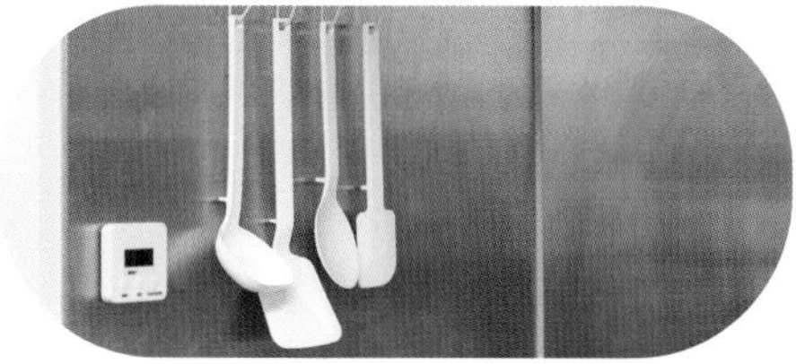

4

毎日使うアイテムは 吊るす収納もアリ

料理に欠かせないまな板やヘラ、お玉などは手を伸ばすだけで取れるよう、フックにかけておきます。アルコールやふきんもかけておくと、調理後の片づけが楽々！

食料ストック

FOOD STOCK

おいしく長持ちさせる保存収納。

1

肉や魚は下味をつけて保存袋に入れ、立てて冷凍

鮮度が落ちやすくかさばる肉類は、下味をつけてから密閉式の保存袋に入れ、立てて冷凍。トレイのまま収納するよりコンパクトで、おいしい時短料理の味方にもなります！

2

野菜や果物は包んで密閉保存し、水分をキープ

みずみずしさを保ちたい野菜や果物は、濡らしたキッチンペーパーやラップに包んでからタッパーや保存袋に入れてしっとりキープ。すぐ使えるように、カットしてから保存すると便利です。

3

パンや麺は1食ごとに
冷凍保存して食品ロス対策

まとめ買いであまりがちなパンや麺は、1食ごとにラップに包んで冷凍すれば、無理なく食べきれます。パンは自然解凍がおすすめで、2週間以内に食べきるようにしています。

4

きのこや薬味は刻んで冷凍
時短調理の強い味方に

ねぎなどの薬味やきのこは、刻んでから保存袋に入れて冷凍します。調理時間を短縮できるだけでなく、洗い物も削減。購入後のひと手間が、忙しい日の料理を助けてくれます。

◂冷凍する物は立てて収納

冷凍庫内に食品を重ねて収納すると、下の物を把握できず、取り出すのもストレスに。野菜などは傷む原因になります。立てて収納すれば省スペース化と見える化が同時に叶いますよ。

PICK UP ITEMS

－キッチン収納で便利なもの－

1

立てる収納で
省スペース
組み合わせ可能

吊り戸棚、食器棚、シンク下の
引き出しなどに収まるスリムな形状。
複数を縦、横に連結もできる。

2

形の違う器具
を引き出しの
中にスッキリ
まとめる

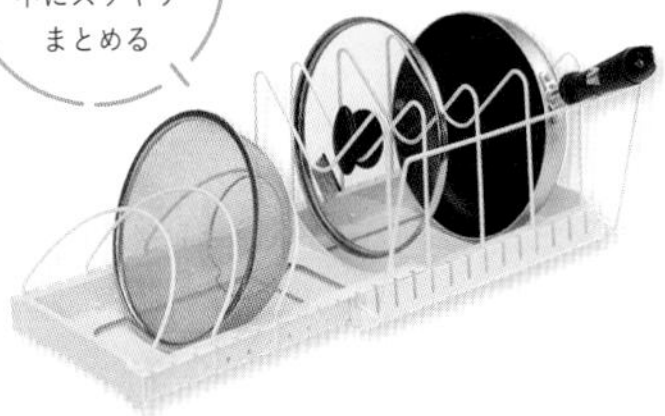

ワイヤーの位置調整が可能で、
形の違う調理器具を立てて収納できる。
出し入れもしやすい。

3

食品をまとめて
庫内スペースを
有効活用！

中身が見えるクリアタイプで、
取っ手付きなので引き出しやすい。
別サイズとの組み合わせも可能。

4

こまごました
物をひとまとめに
持ち運びも便利

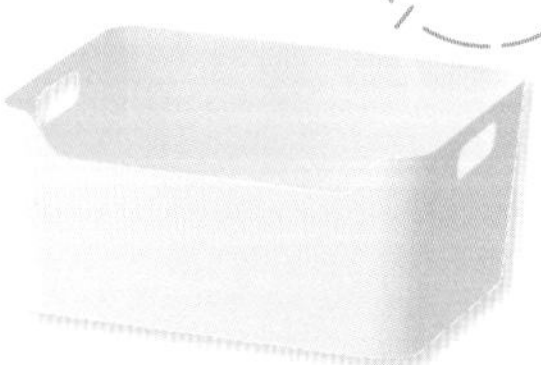

シンプルで万能な小物入れ。
取っ手付きで持ち運びしやすく
あらゆる場所にすっきり収まる。

1 整理収納小物ケース Skitto スキット スリムロング / 幅7×奥行28.2×高さ15.2cm / カインズ https://www.cainz.com/g/4549509198772.html　2 ざるボウルフライパンスタンド / 幅54×奥行20.5×高さ17cm / ニトリ https://www.nitori-net.jp/ec/product/8987781/　3 冷蔵庫トレーNプラン / 幅10×奥行29.5×高さ5cm / ニトリ https://www.nitori-net.jp/ec/product/8920381/　4 VARIERA / ヴァリエラ ボックス / 34×24cm / イケア・ジャパン https://www.ikea.com/jp/ja/p/variera-box-white-50177256/

5

種類ごとに
ひとケースで
すぐに見つかる

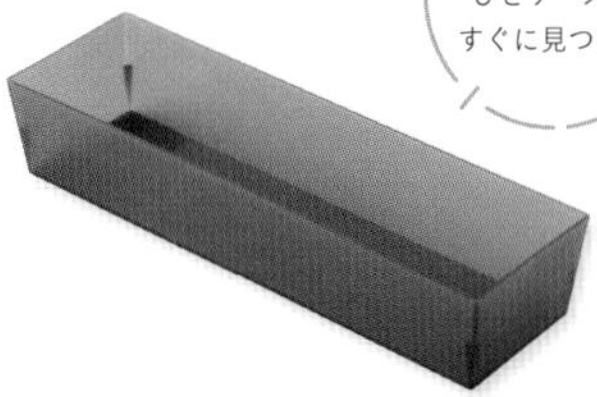

引き出し内にすっぽり収まるケース。
カトラリーの種類ごとに分ければ、
取り出しのストレスもなし。

6

浅型タイプなら
収納アイテムが
ひと目でわかる

書類の収納に適した形状。
調味料やストック食品を入れるのにも
便利。前後で取っ手の形状が違う。

7

たくさんの
調味料置きに
ピッタリサイズ

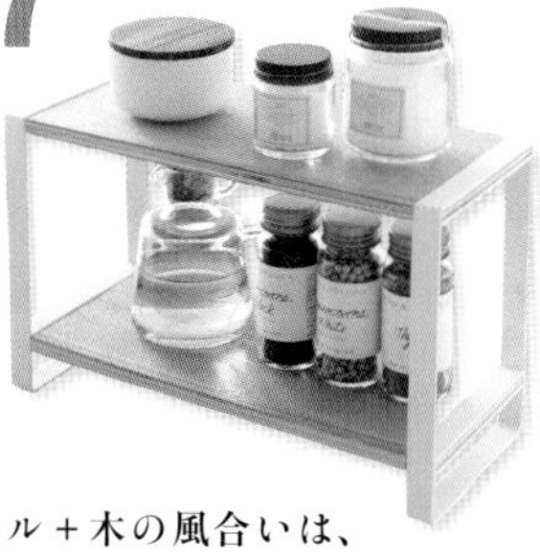

スチール＋木の風合いは、
インテリアを格上げ。2段式だから
調味料をまとめ置きできる。

5 カトラリーケース スクエア / 6.5×24×4.5cm / Seria ※掲載商品は取材時点のものであり、現在取り扱いしていない場合がある。https://www.seria-group.com　6 ラッセバスケット A4 ホワイト / 34×23.8×7.3cm / Seria ※掲載商品は取材時点のものであり、現在取り扱いしていない場合がある。https://www.seria-group.com　7 キッチンラック トスカ / 幅33×奥行12×高さ19cm / 山崎実業 https://www.yamajitsu.co.jp/lab/item/キッチンラック-トスカ.html

衣類

CLOTHING

洋服をキレイに保つしまい方。

1

服に合ったハンガーで形崩れを防止

クローゼット内のハンガーは、統一したほうが見栄えがよくなりますが、洋服を美しく保つのも大事。服の形に合うハンガーを選び、型崩れなどの劣化を防ぎましょう。

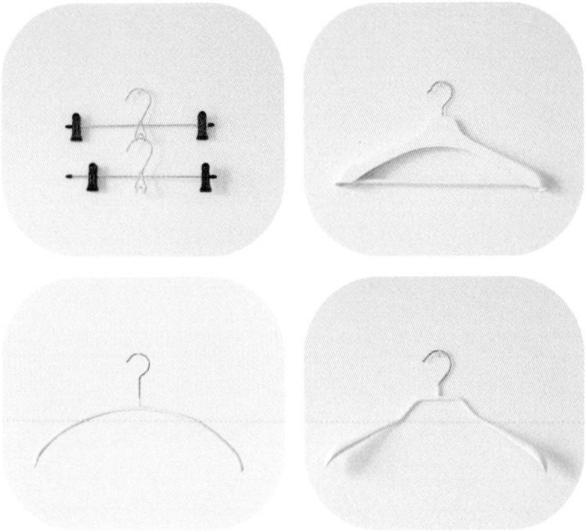

仕切り板を入れると、

2

引き出しに仕切り板を立てて収納し、シワ防止

引き出しに入れる洋服は立てて収納。平積みするより見やすく、たくさんしまえます。仕切りでぴったり収まるようにすれば、長期間しまっておいても服がよれず、畳みじわ防止に。

3

靴下は専用ボックスに“丸めてポン”

おのおののボックスを用意し、洗濯したら丸めてポンと入れておくだけ。ボックスを引き出したときにひと目でわかるように並べておけば、着がえるときにすぐ取り出せます。

4

一軍バッグはスタンドで取り出しやすく収納

バッグはまとめず、使う頻度順に取り出しやすい場所に分けて収納します。デイリー使いのバッグは玄関、よく使う一軍バッグはクローゼットのラック、あまり使わないバッグは棚に。

PICK UP ITEMS

－衣類をコンパクトに収納するもの－

1

ブックエンドを
衣類の
仕切りに活用！

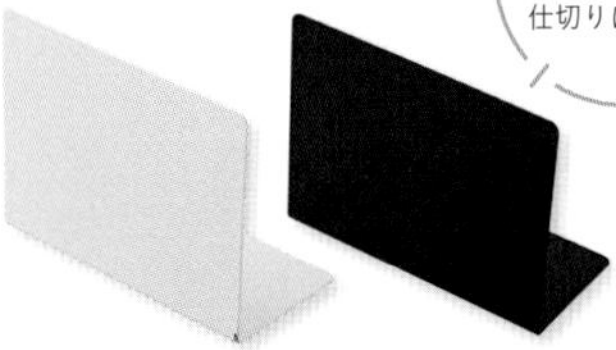

安定感があり、スペースをとらない
ブックエンドは、引き出しの中の
衣類の仕切りにピッタリ。

2

ハンガーと
組み合わせて
型崩れを防止

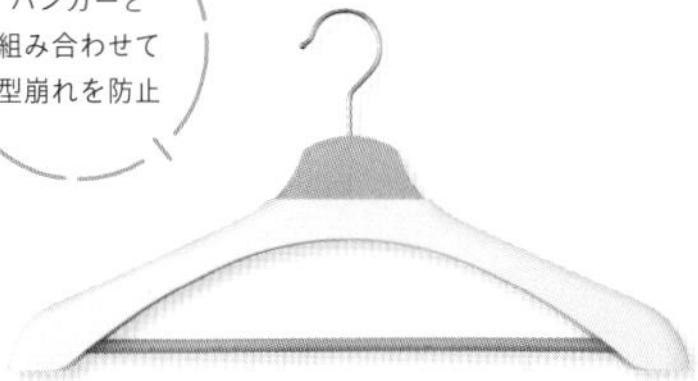

セーターやジャケット、シルクの
ブラウスなどの型崩れを防ぐシェイパー。
同メーカーのブラメング ハンガーに対応。

3

季節ものの
衣類や寝具を
コンパクト収納

ワードローブ内やベッド下のスペースを
有効活用できる収納ボックス。
埃がつかず衣類を守る。

1 ブックエンド / 縦11×横14×奥行7cm / DAISO ※店舗によって品揃えが異なり、在庫がない場合があります。 https://www.daisonet.com　2 BUMERANG / ブメラング ハンガー用ショルダーシェイパー / イケア・ジャパン https://www.ikea.com/jp/ja/p/bumerang-shoulder-shaper-for-hanger-white-90293273/
3 SKUBB/スクッブ / 69×55×19cm / イケア・ジャパン https://www.ikea.com/jp/ja/p/skubb-storage-case-white-70294990/

首元の狭い
洋服の形状を
キープする！

4

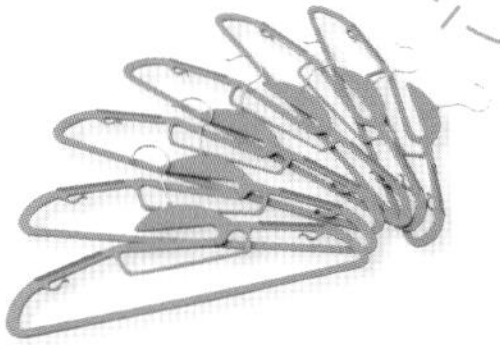

**フック下の切れ込みが
首下の伸びを防止。
キャミソールの肩紐もずれ落ちにくい。**

単体でも
組み合わせても
仕切り方自在！

5

**ポリプロピレンケースに合わせて、
ケース内を仕切るアイテム。
十字に合わせれば間仕切りを増やせる。**

すべり落ちない
人体構造に基づいた形状

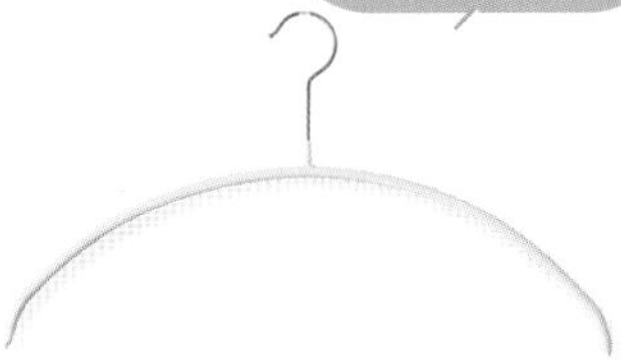

ドイツMAWA社が1956年ごろから製造を始めたハンガー。緩やかなカーブの形状により、衣類を傷めず、なおかつ特殊プラスチックを施しているためすべり落ちない。衣類の用途ごと、サイズごとにバリエーションがあり、クローゼットのスペースをとらない。オンラインストアやインテリアショップなどで取り扱っている。

4 伸び防止ハンガー / 6本セット / 3COINS https://www.palcloset.jp/display/item/1908-HANGAR-000/?b=3coins　5 ポリスチレン仕切板 / 大:約幅65.5×奥行0.2×高さ11cm、4枚入り（中、小サイズあり）/ 無印良品 https://www.muji.com/jp/ja/store/cmdty/detail/4549738369622

日用品

DAILY NECESSITIES

ごちゃごちゃさせない、小物のまとめ方。

1

大きな引き出しは ボックスや布袋で区分け

大きな引き出しには、ぽんぽん物を放りこみがち。ボックスや布袋でジャンル分けしておくと、開閉時の散らばりを防げます。たくさん収納したいときは、重ねられるボックス収納が◎

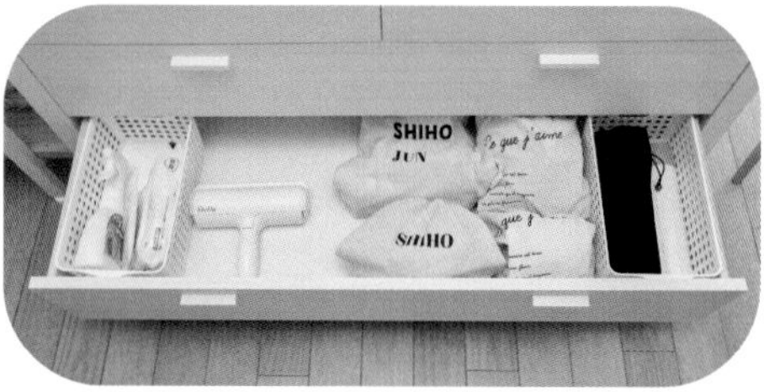

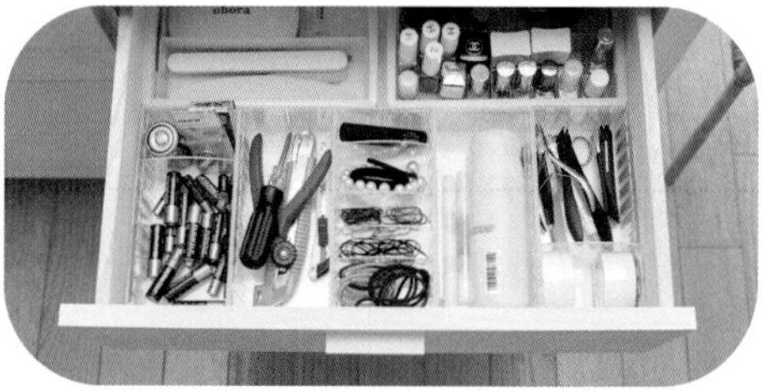

2

薬やサプリはラベル付きの 引き出し式ボックスに

医薬品は緊急事態に備えてすぐ取り出せるよう、ラベルを貼って引き出し式のボックスにまとめています。箱や袋から出して入れておくと残量の確認がしやすくて安心です。

3

エチケットアイテムは同じ場所に収納

外出時にマストなエチケットアイテムは、同じ場所にまとめて収納を。箱や袋から取り出して引き出し式ボックスに入れておけば、見た目がよく、取り出しやすさも◎

目立たないところに、
配線ボックスでまとめる！

4

コンセントはボックスでコードはフックで

整理された空間もコンセントやコードが多いと雑然とした印象に。コンセントは配線ボックスに、コードはフックにかけて物の裏に隠す“見せない収納”で生活感をオフ！

ペット用品

PET SUPPLIES

お世話楽々、すっきりキレイな空間に。

1

ペットのトイレ処理は におい防止も考える

フタ付きのゴミ箱で、においや雑菌をシャットアウトするアイテムを使用(p95参照)。来客が多い我が家では、ペーパーバッグに入れています。

2

フード&軽量カップのセット置きで効率アップ

セットで使うペットフードと計量カップは同じ場所に収納し、ペットのごはん準備を効率化。フードストックも同じ場所に置き、なくなったらすぐ補充できるようにしています。

3

掃除グッズはケージにかけておく

ティッシュや消臭スプレーなど、ペット用のお掃除グッズはケージにフックでかけておき、気になったらササッと掃除できるようにします。ボトルやティッシュケースなどの色やデザインをインテリアに合わせて空間になじませるのもポイント。

洗面所

SANITARY SPACE

水回りを清潔に美しく整えるコツ。

1

洗面台に置く物は最小限にとどめる

心地よく清潔な空間にするには、あまり物を置かず掃除しやすくすることが大前提。さらに洗面スペースの色を統一し、ゴミや汚れに気づきやすくします。

2

同じ種類のアイテムを規則正しく収める

同じ場所にある物の種類がバラバラだと収まりが悪くなります。タオルは同じ種類で統一し、色も合わせて整然とした見た目に。劣化したときの買い替えも同時にできます。

3

歯ブラシセットは
扉の内側を有効活用

収納スペースの有効活用が、コンパクト収納のカギ。収納棚は扉の内側にフックをつけて、歯ブラシや歯磨き粉などを引っ掛けて収納しています。水垢防止にも。

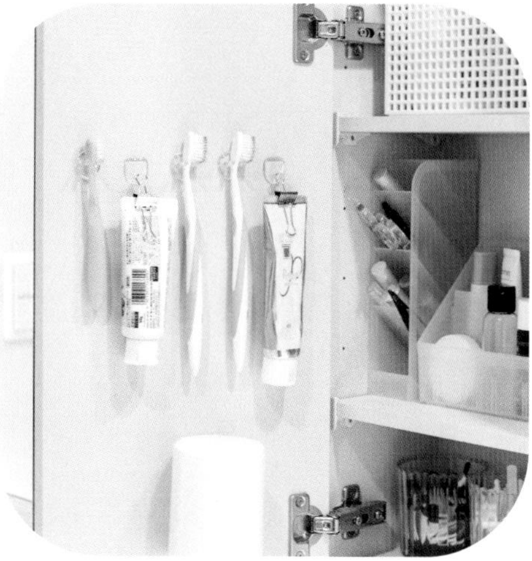

4

重ねて平置きするなら
洗ったものは一番下に

重ねて平置きするのは楽ですが、置きっぱなしにすると埃がたまってしまいます。洗ったものを一番下に置き、上から順に使っていけば、いつもキレイな状態をキープできます。

便利な収納

CONVENIENT STORAGE

見た目をすっきりさせる小さな工夫。

1

ヘアアクセサリーは透明な仕切りケースにイン

細かくて種類が多いヘアアクセは、100均の仕切り付きケースでまとめています。我が家では自分と娘のものを一緒にして、「今日はどれにする？」とガールズトークを楽しんでいます。

2

ランドリーアイテムは洗濯機の上にまとめる

ランドリーアイテムは洗濯機の近くにまとまっていると便利。収納スペースが足りなければ、ポールやラックで補充を。かご収納なら高い場所でも取りやすく、生活感をオフできます。

3

使わない季節物は
圧縮してコンパクト収納

かさばって場所をとる布団や毛布などは、専用の収納袋や圧縮袋に入れてコンパクトに。収納棚の奥や棚の最上段で保管し、空いたスペースを有効活用しましょう。

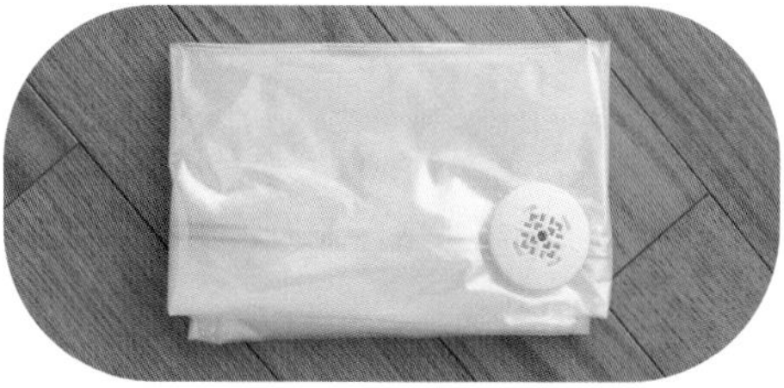

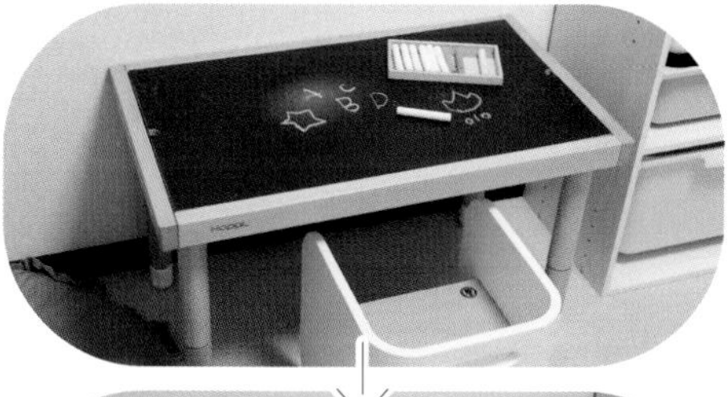

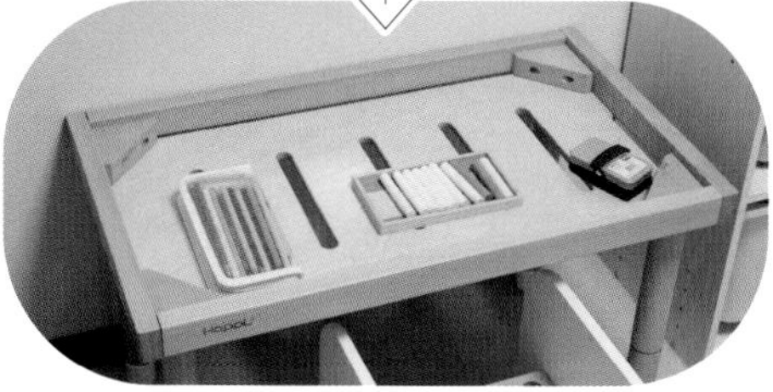

4

天板の下が収納スペース
遊びも学びも効率的に

黒板デスクの下に、チョークやお絵かきセットを収納。しまう場所が近いほど片づけのハードルが下がります。椅子は向きによって高さが変わり、成長に合わせて使えるものです。

玄関

ENTRANCE

収納上手はお出かけ上手。

1

2段式のホルダーで収納量が2倍に

「靴を減らせない。でも、しまいきれない」というときは、靴を2段に重ねられるシューズホルダーが便利です。片足分のスペースで両足分を収納でき、押しこみによる型崩れも防げます。

2

一人ひとり区分けしサイズに合った収納を

自分、夫、娘の収納スペースを分け、取り出しやすくしています。子どもの靴は100均のシューズケースに立てて収納。私と夫の靴は靴幅に合わせたシューズホルダーを使っています。

3

アウトドアなど大物は大きなケースにまとめる

大物が多く、かさばりやすいアウトドア用品は、大きなケースにまとめて収納して、玄関横のクローゼットにイン。丸ごと持ち出せるようにして、重くても運びやすい状態にするのがポイントです。

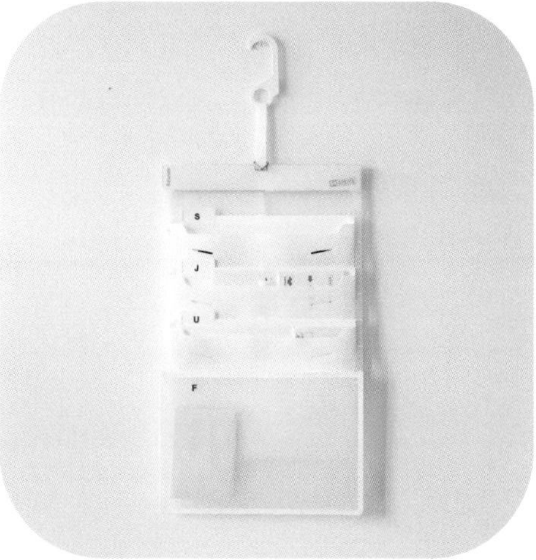

4

一時保管する書類は透明ケースで見える化

郵便物や書類の整理は、忙しいと後回しにしがち。すぐ対応できないときは中身が見える透明ケースに入れ、時間があるときに整理を。うっかり紛失しがちな人は、玄関ですぐケースに放り込むのが吉。

吊るす＆引っ掛ける

HANG & HOOK

ちょっとした空間に収納場所をつくる。

掛ける収納で
デッドスペースを生かす

置き場所に困ったら掛ける収納の活用を！ 収納アイテムの上、扉の内側、壁、棚の外面などに、フックやつっぱり棒が活躍します。例えば、鍋を収納する棚の内側にフタを引っ掛け、ワンアクションで鍋調理が完了するように。あると便利な物を上手にしまえないか、試行錯誤しましょう。

お助けアイテム

- 貼りつけ式フック
- 吊り下げ式フック
- 粘着テープ
- つっぱり棒

「ここ、ちょっと隙間があるな」と思ったら、掛ける収納の出番。
物の配置が決まって収納したあとでも、収納力と利便性を高められます。

私の
日常と愛情
3

私らしい仕事のつくり方
家事も仕事もコツコツと

YouTuberになったのは娘が生後半年のころ。結婚後は主婦業に専念していたのですが、ずっとYouTubeに興味があり、“主婦YouTuberといえば、ほしのこ”と思ってもらえるよう、自分らしさや視聴者さんの需要を意識しながら動画投稿を始めました。主婦YouTuberの先駆けだったこと、収納や料理などの家事に特化したことなどがプラスになり、どんどんお仕事が舞い込むように。

営業や秘書として働いていたOL時代から、“自分ならではの+αの価値”を提供するように意識しています。だれよりも早く出社して会社の掃除をしたり、頼まれていない仕事もやったり……。YouTubeのPRの仕事では「また、ほしのこに仕事を依頼したい」と思ってもらえるよう、企画書のテンプレートは使わずにイチからつくって、視聴者さんも楽しめる構成を提案しています。

こういう小さな工夫を習慣にして、継続できるのが私の強みだと思っています。よく「ストイックだね」といわれますが、本当は自信がないから人一倍努力しているだけなんです。もっと自信を持って、ありのままの自分で歩んでいける日を夢見て、今日もコツコツやっています。

Lesson 4

毎日をキレイに保つ

すっきり収納してキレイな部屋になりましたが、
忙しいなかでもキレイな状態を保つには、
汚れない、散らからない工夫が必要です。
毎日の掃除を楽にしましょう。

掃除しやすい家になっていますか？

散らかった部屋を片づけ、
しつこい汚れを掃除するのは億劫……。
であれば、事前に手を打てばよいのでは？
それも無意識に自然体で行えたら。
ちょっとした工夫と意識で
掃除しやすい家にアップデートできます。
さあ、明日を楽にする魔法をかけましょう。

楽にキレイを保つヒント

HINT 1
使う場所ごとに掃除道具を置く

汚れる場所の近くに掃除道具を置き、取りにいく時間をゼロに。掃除のハードルがぐっと下がります。

HINT 2
収納アイテムで物を浮かせる

マグネットや粘着式の収納アイテムで物を浮かせると掃除しやすく汚れもたまりにくくなります。

HINT 3
大きい、重い物はキャスター付きに

重い物でもキャスターがあればサッと片手で動かせるので掃除を後回しにしなくなります。

HINT 4
水回りの汚れは隠さず見える化

排水口のフタを開けっ放しにして、小さな汚れのうちに対処を。こまめに掃除をしたくなります。

楽してキレイを叶える
魔法

ゴミの分別

GARBAGE SEPARATION

“ポイッ”と捨てられるゴミ箱の置き方。

ゴミ箱で分別して
ゴミ捨てを楽にする

部屋中にゴミ箱があると生活感が出すぎてしまうので、必要な場所にだけ置きます。ゴミ袋のストックもセットで置いておくと便利！ ゴミ箱が目立たないように、インテリアと合う色やデザインの物を選ぶのがおすすめです。その場で出るゴミの量も考えて、ちょうどよいサイズのものを選んで。

ゴミ箱設置のルール

- ゴミが出る場所の近くに置く
- ゴミ箱とゴミ袋はセットで
- インテリアに融合させる

ゴミが出る場所に置くのが正解

ゴミが出やすいキッチンには、不燃と可燃に加えて、ペットボトル、缶、再生紙などゴミの分別ごとにゴミ箱を用意。ゴミの捨てやすさを考え、調理で出るゴミは調理場の近くに、重いビン類は下の段に捨てています。なるべくゴミ箱を収納し、清潔感のある空間を保って。

分別できるゴミ箱

- 家庭ゴミの量に合ったサイズのものに
- ゴミが見えないように
- ゴミ出しをしやすく

よく使うもの

FREQUENTLY USED ITEMS

「ここにあったら便利」を叶える収納術。

荷物の開封作業は一気に終わらせる

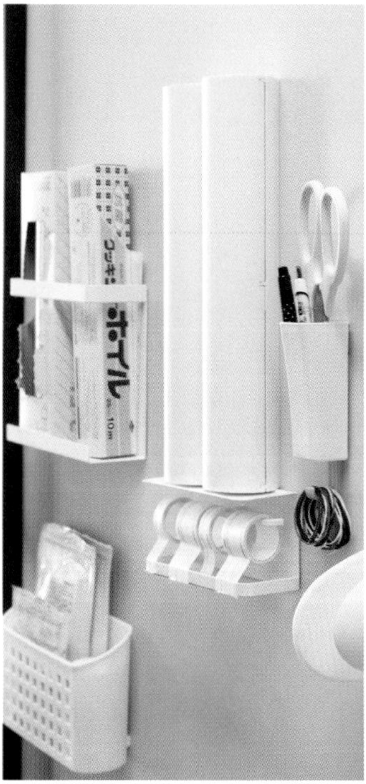

荷物の受け取りや開封が増えたので、玄関にはサイン用のペン、開封用のハサミやカッターを一緒に置いています。キッチンでも食品を開封したり、メモを残したりするのでアイテムをそろえています。必要なところに必要な物があれば、その場で作業が完結し、物も散らかりません。

家の中を見直し

- ボールペン、ハサミ、カッターを使う場所に設置
- 雑多にならないように収納アイテムで整理

ティッシュは
取り出しやすく、美しく

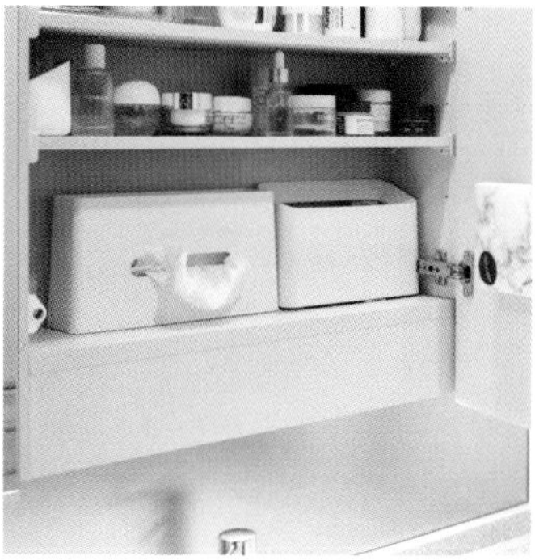

頻繁に使う生活必需品は“取り出しやすさ”が肝。ティッシュは両面から取り出せる、手を伸ばすだけで取り出せるなど、スッと取り出せる置き方にしています。その空間になじむデザインのケースにすれば、ティッシュだって素敵なインテリアに。ゴミ箱を近くに置くのもポイントです。

ティッシュの置き場

- 手を伸ばすだけで取れる
- インテリアになじむデザインのケースを選ぶ
- 近くにゴミ箱を置く

キレイの必需品はストックしておく

洗濯用洗剤など、毎日使う消耗品は、切らさないように予備をストック。必要以上の量になると収納しきれなくなってしまうので、アイテムごとに収納場所を区分けして、「これ以上増やさない」と上限を決めておきます。1ボックス1アイテムにするとわかりやすく、取り出しもスムーズです。

掃除アイテムの保管方法

- ストック量を調整する
- 収納アイテムを統一する
- 1ボックス1アイテム

浮かせる収納で水アカやカビを防止

嫌な汚れがつきやすいお風呂や洗面所は、浮かせる収納が◎。出しっぱなしにしても整理された印象になり、拭き掃除もしやすく、水回りの苦手意識が和らぎます。

バスルームはそのまま吊るすと楽

バスルームも浮かせる収納でキレイをキープ。粘着式ケースに収納するとケースの掃除も必要ですが、フックにそのままかければ掃除いらずに。壁や鏡にフックをつける浮かせる収納なら、収納スペースがなくてもシャンプー類をまとめて並べられます。

キレイな水回り

CLEAN WATER AROUND

汚れを放置しない環境づくりを。

水回りの嫌悪感は“掃除のしやすさ”でオフ

水回りの掃除はすごく苦手！ ガンコなヌメリと戦わなくていいように、排水口はあえてフタを外して汚れを見える化し、こまめに掃除。浮かせる収納で水垢も防止します。キッチンや洗面所、トイレなど、濡れやすい床は水分を吸うマットを敷かず、汚れ防止用マットで掃除の負担を減らしました。

水回り掃除のコツ

- 物で汚れを隠さない
- 汚れやすい物を置かない
- こまめに掃除する

Aesop

キレイをつくる

MAKE CLEAN

いつでもササッと掃除するには…

掃除しやすい家づくりで、家事ストレスを減らす

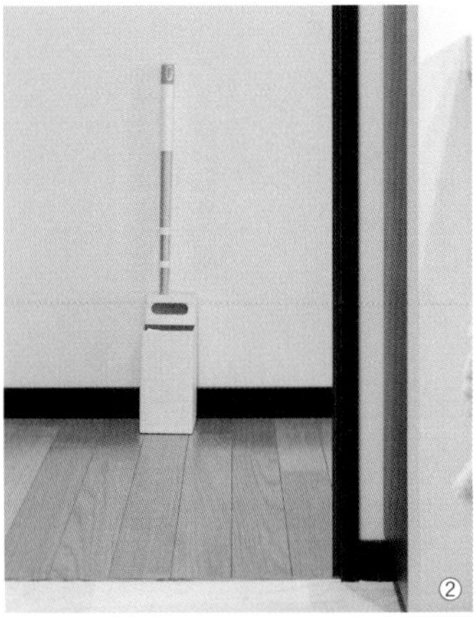

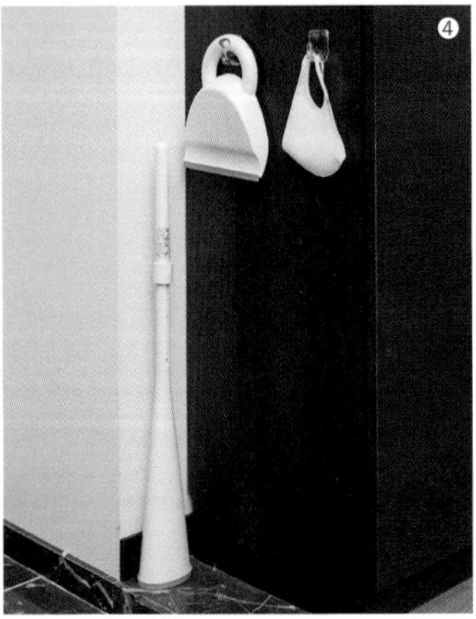

①キッチン下：キッチンの掃除セット　②廊下：ほうき
③洗面台下：水回りの掃除セット　④玄関：ほうき＆ちりとり

こまめな掃除がいちばん楽

汚れを放置すると落ちにくくなって手間になりますから、気軽にササッと掃除できる家にするのが大事！ 掃除道具は家の各所に置き、便利アイテムも積極的に活用。私がこまめに掃除できるのは、楽するための努力を惜しまないからかもしれません。

時短掃除のポイント

- 物を動かさず掃除できる
- 掃除アイテムを近くに置く
- こまめに掃除する

PICK UP ITEMS

－掃除が楽になるアイテム－

2

これひとつで
家中の汚れが
キレイに！

キッチン、テーブル、家具、家電、
鏡、窓など家中の汚れを落とし、
除菌・ウイルス除去効果もあり。

1

汚れ落としの
力は強いまま
手肌にやさしい

コンロの油汚れ、
シンクの水アカ、サッシの埃汚れを
スッキリ落とすマルチクリーナー。

4

気になる
汚れとニオイを
酸素で落とす

お湯に溶かすと酸素の泡が発生。
漂白と消臭のダブルパワーで
衣類や食器、床に使える。

3

シューッとして
モコモコ泡が
みるみる広がる

きめ細かい泡の粒子が汚れの中に浸透。
ノズル式なのでブラシが届きにくい
便器のフチ裏にも泡が密着。

1 ウタマロクリーナー / 本体：400mL、つめかえ用350mL / 東邦 https://www.e-utamaro.com/　2 クイックル ホームリセット泡クリーナー / 本体：300mL、つめかえ用：250mL / 花王 https://www.kao.com/jp/products/quickle/4901301378163/　3 洗浄力 モコ泡わトイレクリーナー / 正味量：300mL / エステー https://senjoriki.st-c.co.jp/special/mokoawawa/　4 オキシクリーン / 本体500g、つめかえ用1000g / グラフィコ https://www.oxicleanjapan.jp/

5

水をつけて
こするだけで
ピカピカに

ガラス、陶磁器、タイル、ホーローなどのガンコな汚れに最適。シートなのでカーブ部分も磨きやすい。

6

アルカリ性の
力でしっかり
やさしく落とす

コンロ、電子レンジなどの油汚れをすっきりオフ。キッチンのほか、テーブルや床などの手垢や皮脂汚れにも。

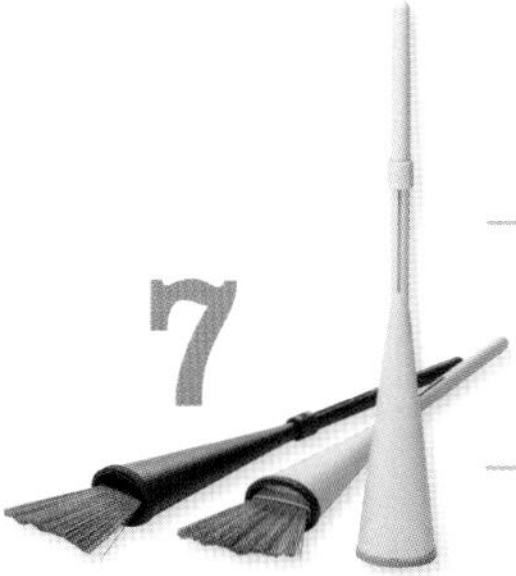

7

アイコニックな
フォルムで
インテリア性◎

スリムで置き場に困らない業界初の「立つほうき」。穂のボリュームが計算され、掃き心地も担保。

8

掃除シートと
まとめて
コンパクト収納

フローリングワイパーを目隠しできるアイテム。持ち手付きなのでそのまま持ち運びも可能。

5 メラミンスポンジ(シートタイプ)/ 8×6×0.4cm、20枚入り / DAISO ※店舗によって品揃えが異なり、在庫がない場合があります。https://jp.daisonet.com　6 アルカリ電解水+重曹配合おそうじシート25枚 落ち落ちV / 30×20cm、25枚入り / DAISO ※店舗によって品揃えが異なり、在庫がない場合があります。https://jp.daisonet.com　7 立つほうき / 約幅95×奥行65×長さ650〜780mm / カインズ https://www.cainz.com/g/4549509111177.html　8 フローリングワイパースタンドラクッカ(WH)/ 収納可能なフローリングワイパーのサイズ：ワイパー部分幅26×奥行10.3×高さ4.5cm / ニトリ https://www.nitori-net.jp/ec/product/8580802/

私の
日常と愛情
4

お気に入りの収納探しが
片づけ上手の近道

家をすっきりさせるには、今の暮らしに合った収納アイテムや家具を選ぶのも大切。私はウィンドウショッピング感覚で「こういうアイテムがあるんだ」「こうやって収納できるのね」とワクワクしながらネットサーフィンするのが趣味です。

調べれば調べるほど整理収納のアイデアが蓄積され、何をどう片づけたらいいのかがわかるようになり、必要なアイテムを見極められます。お気に入りのネットショップでいろんなブランドの商品を見たり、好きなブランドの新商品を欠かさずチェックしたり、インスタグラムのハッシュタグ検索でトレンドの収納アイテムを調べたり、ピンタレストで好みのインテリア写真からイメージを膨らませたり……いろいろな方法がありますよね。アンテナを張っていると情報感度が高まって、直感的に「これがいい！」と選べるようになります。

理想の家をイメージする時間は楽しいもの。片づけが億劫になったら、まずはお気に入りの収納アイテムを探してワクワク感を味わってください。それが「家をすっきりさせたい！」というモチベーションになると思いますよ。

Lesson 5

インテリアで“自分らしさ”を飾る

キレイが長続きする空間にしても、
それだけじゃちょっと物足りないもの。
インテリアで“好き”を足し算して
“自分らしさ”をつくりましょう。

そのインテリア、気に入っていますか？

〝インテリアはセンス〟と思いがちですが、
今の自分が好きなテイストや
色味に統一するだけで
お気に入りの空間になります。
気分や好みは変わっていくものなので、
服を着替えるような身軽さで、
家の模様替えを楽しみましょう。
家がもっと好きになれます。

上手に飾るヒント

HINT 1
フェイクグリーンで気軽に緑を取り入れる

植物の手入れに抵抗がある人は、人工植物がおすすめ。背伸びしないインテリアに。

HINT 2
アートは直感でOK！アクセント程度に

絵などのアートは直感で“好き！”と思った物だけを飾り、部屋全体のバランスを保つのがベター。

HINT 3
生活感の出る日用品はケースなどで目隠し

パッケージのデザインなどがインテリアを邪魔するときは、おしゃれなケースに入れて調整を。

HINT 4
過ごし方に合った照明に

明かりは空間を演出する要素。その空間での過ごし方に合わせて明るさやデザインを決めます。

家を自分色に メイクする

癒やしをつくる

HEALING PRODUCTION

自然を取り入れた空間のつくり方。

1

植物は天然と人工をミックスする

植物をたくさん置くと、手入れが大変。そんなときはフェイクグリーンを取り入れ、天然とミックスさせるのがおすすめ。大きな植物は鉢をキャスター台に載せておくと移動が楽です。

2

ドライフラワーは手入れ不要で長く飾れる

落ち着いた深い色合いが特徴のドライフラワーは、癒やしの空間の演出に最適。アンティークのような魅力があり、手入れが不要なので気軽に取り入れられます。インテリアのアクセントにも重宝します。

3

みずみずしい生花で季節の風情を楽しむ

インテリアをマンネリさせないコツは、季節感を取り入れること。生花のスッと心が晴れるような存在感は、どんなインテリアでもアクセントに。花が主役になるよう、花瓶はシンプルにしています。

4

壁飾りでアートを気軽に取り入れる

大きなスペースがある壁。ここに飾るもので印象がガラッと変わります。主張が強くなりすぎないよう最小限にし、色やテイストの統一感を持たせています。子どもの絵や工作を飾るのも◎

照明による演出

DIRECTING BY LIGHTING

過ごし方に合わせて照明を使い分け。

リビングやダイニングは全体を明るく

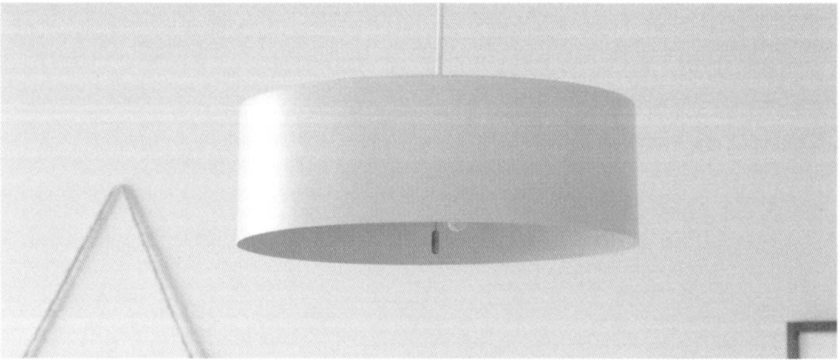

本を読んだり、テレビを見たりするリビングは、全体を明るく照らせる照明がベター。我が家では家族が動き回っているので、光が広く四方に届くものを使っています。ダイニングはテーブルをしっかり照らせるよう、シェード付きの照明にしました。どちらも北欧調で、部屋になじむデザインです。

照明選びのポイント

- その空間での過ごし方に合った光の強さ
- インテリアになじむ色とデザイン

くつろぎの空間は
やさしい光に

くつろぎたい寝室は、安らげるよう調光タイプの照明にしています。全体を照らさずとも、必要な場所だけ照らせれば大丈夫。ほんのりやさしい光に落としてから、ストレッチしたり瞑想したりとリラックス時間を過ごしていると、眠りのスイッチが入ります。調光タイプは部屋のマンネリ防止にも。

光で癒やされるには…

- 必要な場所だけを照らす
- 活動も休憩もする空間は調光タイプで調整

PICK UP ITEMS

―日用雑貨をおめかしするもの―

1

ロールウエットティッシュケース

取り出し口と本体が一体化したアイテム。
木蓋、上部、下部の異素材構造で、
詰め替えも簡単。

2

卓上ゴミ箱

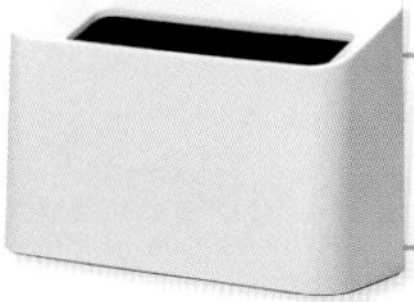

壁にピッタリ寄り添う背面ゼロ勾配の
構造で、洗面スペースがスッキリ。
開口部が大きく捨てやすい。

3

ティッシュケース

前後どちらからも取り出せる構造。
仕切りがあるので、
2種類のペーパーを入れることも。

4

トイレ掃除用のアイテムの収納

ラバーカップや消臭スプレー、
掃除用洗剤などを
上段と下段で一括収納！

1 Mochi Bin / 幅100×奥行100×高さ205mm / ideaco https://www.ideaco-store.com/shopdetail/000000000800/ 2 Tubelor Cotton Trash / 幅225×奥行95×高さ150mm、容量：1.7L / ideaco https://www.ideaco-store.com/shopdetail/000000000799/ 3 両面ティッシュケース リン / 幅26×奥行11×高さ14cm / 山崎実業 https://www.yamajitsu.co.jp/lab/item/両面ティッシュケース-リン.html 4 収納付きラバーカップスタンドタワー / 幅17×奥行16×高さ36cm / 山崎実業 https://www.yamajitsu.co.jp/lab/item/収納付きラバーカップスタンド-タワー.html

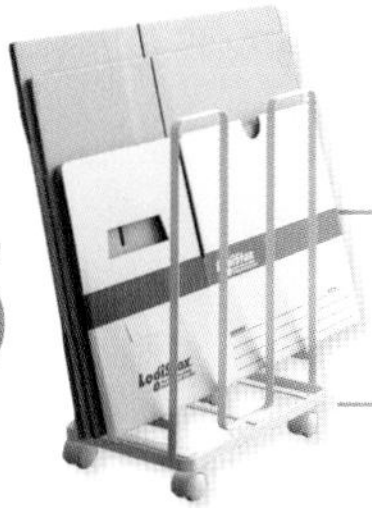

5

ダンボール
収納

置き場所に困るダンボールを
一括収納できるダンボールストッカー。
キャスター付きで移動も容易。

6

ペット
アイテム

5層バリアフィルム＆密閉構造で、
排泄物のニオイを1週間シャットアウト。
蓋を開けて捨てるだけ！

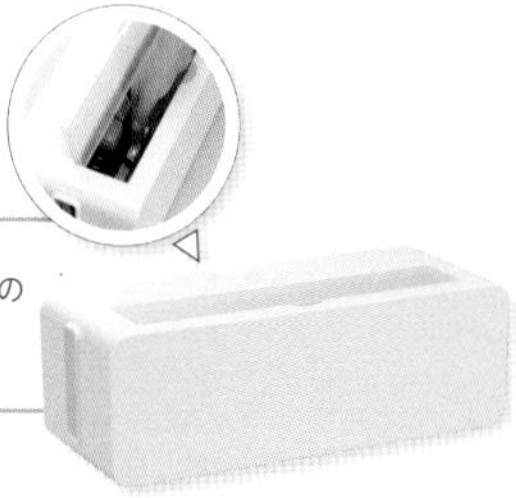

7

コード類の
収納

ごちゃごちゃするコードやタップを
まとめて目隠し。ボックスなので
埃から守り、掃除もしやすくなる。

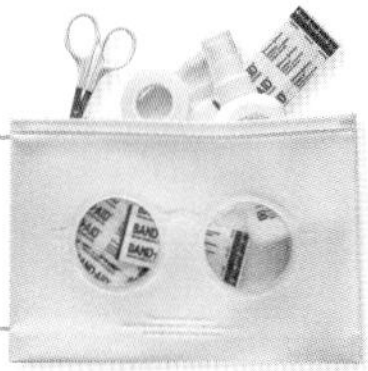

8

日用品の
収納

メガネのレンズから中身が見える。
携帯用ポーチにも最適で、
塩ビ製なので水にも強い。

5 ダンボールストッカータワー / 幅30×奥行23×高さ43.5cm / 山崎実業 https://www.yamajitsu.co.jp/lab/item/ダンボールストッカータワー.html　6 パッドロッカー / 幅22×奥行24×高さ42cm、取替カートリッジ1個付 / ペッツバリュー http://petsvalue.jp/padlocker_new/　7 テーブルタップボックスL / 39×15.6×高さ12.9cm / イノマタ化学 https://www.inomata-k.co.jp/テーブルタップボックス　8 メガネZippBag / 幅24×縦16cm、マチ4cm / mon・o・tone https://www.rakuten.co.jp/mon-o-tone/

私の
日常と愛情
5

理想の家を想像すると片づけスイッチが入る

私が片づけに目覚めたのは、夫のじゅんくんとの出会いがきっかけです。当時は整理収納の知識が足りず、手探りの状態。結婚生活をスタートするタイミングで、整理収納アドバイザーの方に相談して家を整えてもらいました。見違えるようにキレイな家になり「整理収納でここまで家が変わるなんて！」と衝撃を受けた私は、すっかり片づけの虜に。日々勉強しながら整理収納の改善を繰り返し、整理収納アドバイザーの資格も取得しました。すっきりした家で暮らす心地よさを知ったら「もう二度と散らかった家には戻りたくない！」って思うんですよね。

家を整理するきっかけはなんだっていいんです。「もっとキレイな家に住みたい」と思ってこの本を手に取っていただけたのなら、それもきっかけ。できることから実践し、家の小さな変化を感じてみてください。どうしても片づけが億劫だったら、キュンとするインテリア写真を探して、そのインテリアに近づけることから始めるのがおすすめです。家を愛せるようになると今の暮らしも愛せるようになり、なんてことのない日常が愛おしいものになっていきます。

私らしく過ごす

家を整えたら、次は自分を整える番。
自分らしく過ごす日々が、
心地よい暮らしを紡ぎます。
ごきげんな暮らしを満喫しましょう。

家で自分らしく過ごせる時間はありますか？

どんなに素敵な家にしても、
違和感があったら自分に合っていないのかも。
ありのままの自分で過ごせる空間や
時間をつくり、ほっとひと息つきましょう。

ここでいったん小休止して
どんな時間を過ごせばごきげんでいられるか、
自分自身に問いかけてみてください。

心地よく過ごすためのヒント

HINT 1

**リラックスする
習慣をつくる**

習慣化のコツは、“忙しくても
この時間はここでゆっくりする”と
場所と時間を決めておくこと。

HINT 2

**パソコンやスマホから
離れる時間をつくる**

情報疲れしないよう、寝る前は
パソコンやスマホから離れて
デジタルデトックスを。

HINT 3

**毎日のストレッチで
心もゆるめる**

心と体はつながっています。
ストレッチで体を伸ばすと、
モヤモヤともサヨナラできます。

HINT 4

**休む時間がないときは
癒やしの香りをお守りに**

リラックス効果がある香りは、
仕事や掃除中でも癒やしになり、
心のお守りになります。

自分を愛する
おうち時間

幸福レシピ

HAPPINESS RECIPE

気分を変えるちょっとしたこと。

1

香りアイテムを あちこちに置く

デスクやベッドサイドなど、すぐ手に取れるところに香りのアイテムを置き、いつでも自分を癒やせるように。ディフューザー、キャンドル、スプレーなどいろいろそろえると楽しいです。

2

ちょっとした時間でも ペットと触れ合う

ペットは、見ているだけで笑顔になれる愛しい存在。忙しい日もできるだけいっしょにいると、じんわり心がほぐれていきます。ペットが過ごしやすい環境づくりも忘れずに。

3

ちょっとした散歩で緑と触れ合う

よく家族と緑たっぷりの公園に出かけます。夫婦で何気ない会話をしながら走り回る子どもを見ていると、目の前にある幸せを実感できるのです。お出かけグッズを準備すれば、ワンマイルのお散歩も華やぎます。

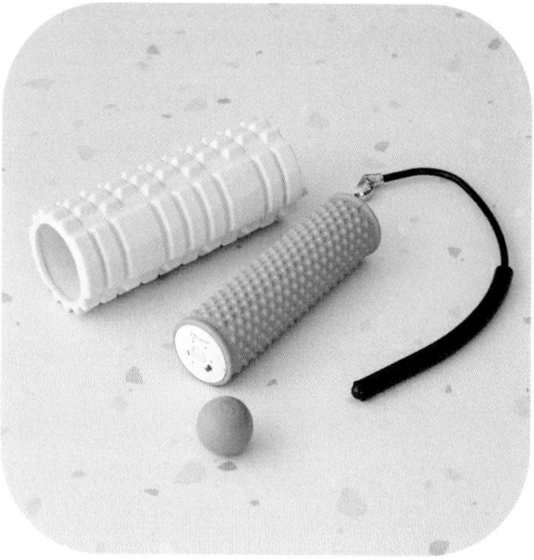

4

自分の体をこまめにいたわる

体の状態がわかるのは自分だけなので、ふだんから体の声を聞き、マッサージアイテムでこまめにケアしています。すぐ取り出せる場所にあると、すきま時間にマッサージできます。

お出かけを楽しむ

ENJOY GOING OUT

目的に合ったベストなカバンを選ぶ。

旅行前の
パッキングから心がはずむ

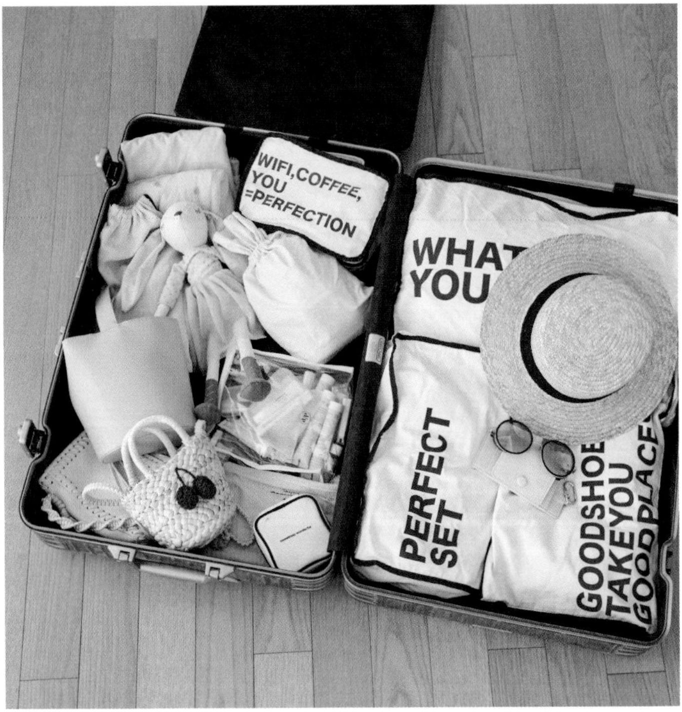

旅行は準備から楽しむもの。旅先での行動を想像してパッキングすれば失敗しません。ファッションは“着回せる服×着たい服×何にでも合う靴”を。こまごました物は袋に入れ、カテゴリごとにポーチに分けます。こだわりのない物は使い切り、こだわりのある物はいつものアイテムで快適な旅に。

パッキングのコツ

- 服の圧縮袋を用意
- 使い切り品を活用する
- 旅行の持ち物はまとめて収納しておく

持ち運びが便利な
バッグを相棒に

バッグ選びのコツは気軽さ。買い出しには、どんな服装にも合うシンプルなデザインで、持っていて楽なバッグを。大量購入するときはキャリー付きを。そんなに買わない日は肩が痛くなりにくい太い持ち手のバッグを。外で子どもと遊ぶ日は、汚れがつきにくくラフに使えるものを選びます。

日常使いの条件

- 自立する
- デザインに惹かれる
- 汚れにくい
- 汚れが目立たない

好きな時間をつくる

RECIPE FAVORITE TIME

心をゆるめる小さな習慣を。

1

読書で思考を変え
心の栄養チャージ

インターネットから本へシフトすると、新しい知識、感覚が得られ、なんだか充実します。寝る前は本をゆっくり読み、目を休めながら思考を整理して、心のデトックスもしています。

2

1日の終わりに
プチおやつでご褒美

仕事や家事をがんばった日は、深夜のおやつタイムをこっそり楽しむことも。ヘルシーなものにしたり、小分けのお菓子で食べすぎを防止したりすれば安心。自分を甘やかすことも大切です。

3

ネットリサーチで新しい“好き”を探す

まだ自分好みのアイテムに出合えていないなら、SNSでリサーチを。ハッシュタグ検索などで目的のアイテムを調べていくと、ときめく物に出合えます。自分の好奇心を大切にしましょう。

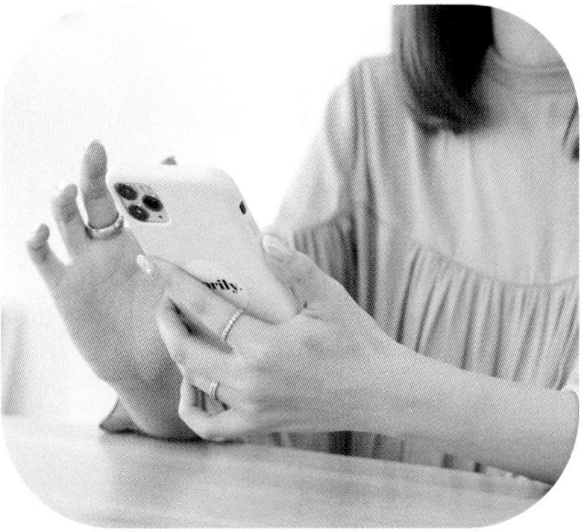

4

仕事スペースにお気に入りの絵を飾る

パソコン作業が多いので、その上に好きなポストカードなどを貼っています。画面とにらめっこが長く続いたときは、目線を上げてリフレッシュ。そのときどきの気分で絵を入れ替えするのも楽しいですよ。

体重計の数値よりも 鏡に映る自分を見る

— Mini Column —

「自分の体形が嫌です。ほしのこさんの体重はいくつですか？」と聞かれますが、体重はあまり気にしていませんし、意識的にダイエットしたこともありません。でも、毎日姿見で自分の体を見て「もっとこの部分を引き締めたいな」と思ったら、家で筋トレやストレッチをし、身軽な体でいられるようにケアしています。

体重にとらわれると1キロ単位の増減に一喜一憂するようになり、大好きな食事まで憂鬱になってしまいます。毎日の幸せを減らさず理想の体に近づけるには、テレビを見ながら筋トレしたり、お風呂上がりにストレッチしたりして、運動の習慣をつけることが大切。束縛しないゆるい習慣で、体も心もしなやかに強くなります。

なりたい体をイメージし、必要なことだけするのも習慣づけのポイント。私は女性らしいメリハリが欲しいから、鍛えるのは腕、おなか、お尻だけ。筋トレしたくない日はテレビを見ながらストレッチしたり、お散歩がてらジョギングしたり、その日できることだけに絞って、無理しない範囲で続けています。

何事も、過剰な完璧主義はかえって自分を苦しめるもの。無理に背伸びせず、マイペースに一歩一歩進みましょう。

リビングに集まる

MEET IN THE LIVING ROOM

ひとりでもみんなでも楽しい場所に。

ひとり時間も家族との時間も満喫できるリビング

— Mini Column —

夫婦ともに在宅での仕事が多いため、お互いずっと家にいる日も珍しくありません。娘のうーたんはまだまだ甘えんぼうで、私たちのそばで遊んでいることが多く、夜は家族全員がリビングに集合。おちゃめなうーたんの行動に大笑いしながらにぎやかな時間を過ごしています。

ただ、仕事が立て込んでいると日中に作業が終わらず、夕食後にあわててパソコンを開いたり、スタッフと連絡を取り合ったりすることも。私のデスクはダイニングにあり、リビングとつながっているので、じゅんくんとうーたんの会話がそのまま聞こえてきます。集中しやすい環境ではありませんが、最優先したいのは家族なので、どんなときも家族と過ごせるこの環境が私にとってのベストです。

リビングにはじゅんくんのギターやうーたんのおもちゃコーナーがあり、それぞれが自由気ままにひとり時間を楽しめるレイアウトになっています。同じ空間に個別のお気に入りの場所をつくるのも家族団らんのエッセンスです。

もちろん、ひとりの時間を大切にしたい人も多いと思います。正解はないので、自分の理想を叶える空間にしてくださいね。

来客をもてなす

HOSPITALITY TO VISITORS

やさしいコミュニケーションが生まれる家に。

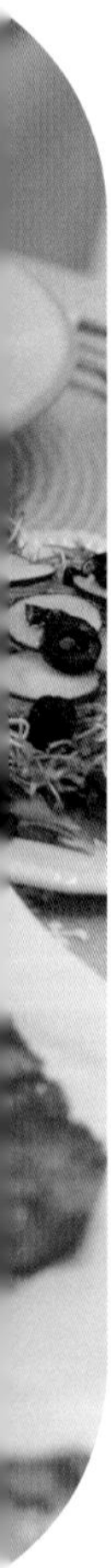

自然と人が集まる我が家
おもてなしで自分もリフレッシュ

— Mini Column —

社交的で多趣味な主人は友人が多く、私もYouTuberになってから人とのつながりが増えたので、休日はよくゲストが訪れます。家がファミリーサイズなこと、毎日片づけているからすぐ人を招けることが開催場所に選ばれる理由。「家がキレイだと、人間関係も豊かになっていくんだ」と実感しました。

おもてなしの準備は簡単な片づけと料理。出しっぱなしの物があれば収納場所へササッとしまい、ゲストが使う洗面所を掃除して、おもてなし料理をつくります。大勢のときはパーティー料理、少人数ならプレート料理など、時と場合でメニューはさまざま。ゲストのことを想っていつもと違う料理をつくったり、お花を買ったりすると、日常に新しい発見が生まれてワクワクします。私も娘もおめかしするので気分が上がって楽しいですし、インテリアの見直しをするきっかけにもなり、家も私も心機一転、リフレッシュできます。

家族でも友人でも、だれかのためにあれこれ工夫する時間は、心をやさしく満たしてくれるもの。いつでも人を招ける家にして、みんなで笑い合う幸せが、休日の私もごきげんにしてくれます。

Lesson 6

私らしく過ごす

エコは自然に

ECO IS NATURAL

ずっと愛せる物選びを。

1

成長に合わせて調整できる家具

長く愛用するのがいちばんのエコ。子どもの椅子は、座面と足置きの板の高さを調整できるものに。大人と同じ食卓で、同じ目線で話せます。家具と調和したデザインも◎

2

消耗品も見直し繰り返し使えるものに

ワックスラップ、シリコンラップ、シリコンバッグなどを活用しています。蜜蝋《みつろう》でできたラップ（写真）は、クシャクシャにしてももとの形状に戻り、野菜の保存などに役立っています。

3

寿命の長い
充電式ライター

ガスやオイルが不要な電子ライターを愛用中。USB充電ができて誤作動防止スイッチがあり、子どもがいても安心！ デスクの引き出しに収納していますが、風にも強いのでアウトドアでも活躍します。

4

エコバッグも
ファッション感覚で

大容量、コンパクト収納が大切なのはもちろんですが、気分が上がるデザインのものなら長く愛せます。ファッション性に優れていれば、お出かけ用カバンも不要ですね。

私の
日常と愛情
6

SNSで心がざわついたら 夜のひとり時間でリセット

YouTuberになりインフルエンサーとしてお仕事を始めてから、SNSと向き合う時間がぐんと増えました。視聴者さんのDMやコメントが励みになる一方で、ずっとSNSと向き合っているとちょっと疲れてしまう日も。SNSとうまく付き合うには適度な距離感が必要だと思います。

距離をおく方法のひとつが、夜にひとり時間をつくること。よくするのは瞑想で、寝室で好きな香りのアロマキャンドルを灯し、ゆっくり深呼吸。ゆらゆら揺れる火、ふんわり香るアロマ、ふかふかのベッドにやさしく包まれると、心がほぐれていきます。ひとりでゆっくりお風呂に入るのも至福のひととき。ふだんは子どもと入っていますが、リフレッシュしたい日は寝かしつけてからお気に入りの入浴剤を入れて半身浴し、雑誌を読んだりしながら体を温めます。あまり時間が取れない日は、寝る前のティータイムでひと息。温かい紅茶やハーブティーを飲むナイトルーティンで、1日を穏やかに締めくくれます。

SNSに疲れたら、自分とゆっくり向き合うひとり時間をつくってください。心の栄養になり、明日を元気に迎えられるはずです。

Lesson 7

大切な人と過ごす

長い人生を深く豊かにするのは、
大切な人と過ごす時間。
大切な人もごきげんになる家は、
かけがえのない愛を育む場所になります。

“大切な人”は片づけの原動力

自分ひとりじゃ気にならないことも大好きな人の前だと気になって、ちょっと背伸びしたくなりますよね。家だって大切な人と過ごすとなると、ひと工夫したくなるもの。私自身、ひとり暮らしのときは今ほど片づけに気を配っていませんでしたが、じゅんくんと出会ってから「もっと暮らしやすい家にしたい！」という思いが強くなりました。

家族、恋人、友人など、自分にとって大切な人を想像してみてください。そんな大切な人と過ごすなら、どんな家にしたいですか？　きっと「あの場所をキレイにしたい」「こんなインテリアにしたい」といった願望が出てくるはず。大切な人の存在は、憧れの家をつくる原動力になります。自分だけじゃなく、大切な人もくつろげる家をつくりましょう。

疲れても元気をくれる、子どもとの暮らし

子育ては本当に大変。娘のうーたんが赤ちゃんのころ、はじめての子育てに不安を感じたり、イヤイヤ期はどっと疲れてしまったりと、いっぱいいっぱいになった瞬間がたくさんあります。それでも、うーたんが幼稚園に入園するときはさみしくて……どんなに大変でも、たまらなくかわいくて愛おしい存在です。

昔から「お片づけしようね」「物を大切にしようね」と声をかけ、必要ないなと思った物は自ら手放せるようになりました。手放すときはよく思い出を語り、物に「ありがとう」といいます。ほかにも出した物は元の場所に片づけたり、汚れたら掃除したりと、キレイを保つ習慣ができました。

そんなうーたんと過ごす時間は、私にとって最高のサプリ。外に遊びに行くのと同じくらい楽しい家にして、これからもたくさん笑い合いたいです。

部屋づくりも大切な
コミュニケーション

コミュニケーションは言葉やしぐさだけではありません。どんな場をつくるかも、とても大切なコミュニケーションだと思っています。家はプライベートな空間だから、心の距離が近い大切な人が訪れます。そんな大切な人たちと素敵な思い出がつくれるように、家はできるだけ気持ちよくコミュニケーションできる場にしたい。そう思って掃除したり模様替えしたりする時間は、大切な人を想う時間でもあります。だから部屋づくりが大好きなんです。

どんな物を持つかも大事。使わない物は手放すようにしていますが、来客用の食器などは使う頻度こそ少ないものの、大切な時間をつくる物としてひと通りそろえています。楽しい暮らしには余白が必要です。物を少なくする、隅から隅までキレイにする、とストイックになりすぎてしんどくなるので、暮らしを彩る遊び心も大切にして、楽しくコミュニケーションしましょう。

家事の分担は
夫婦の信頼の証

夫のじゅんくんは今でこそ家事や掃除をしていますが、もともとは亭主関白な人。結婚当初は家のことにノータッチで、片づけや掃除はすべて私がやっていました。

じゅんくんが変わったのは、私がYouTuberになって1年が過ぎたころ。仕事が増えて家事や育児との両立ができなくなり、深夜に洗い物をしていたらぽろぽろ涙が出てきたんです。そんな私を見て、じゅんくんは少しずつ家事や掃除をするようになりました。

自分に自信がなかった私は「全部やらなきゃ」という気持ちが強く、ひとりで抱え込んでいました。どこかで「亭主関白なじゅんくんに頼んでもしょうがない」と思っていたのかもしれません。でも、頼るのは信頼の証。家事を分担するようになってから夫婦仲が深まり、今は結婚当初よりラブラブです(笑)

MESSAGE

夫・じゅんより

男はしっかり稼げばいいと思っていましたが、しほ（ほしのこ）が泣いているのを見て「稼ぐだけじゃダメなんだ」と気づき、家事に挑戦しました。ちょっとでも家事をしたら「あれもやって、これもやって」となるんじゃないか、そもそも家事は得意じゃないし……と不安だったものの、やってみたら意外とできて、しほもうれしそうで、家の雰囲気がよくなったんですよね。「じゃあ、やったほうが絶対いいじゃん」と思って、亭主関白を卒業しました。しほは僕の家事にダメ出しをしません。「こうしたらいいんじゃない？」ってアドバイスに留め「どうもありがとう」と感謝の言葉を忘れない。そんな風にして、僕を上手に育ててくれたのかもしれません。

今日を愛する
モーニングルーティン

朝7時、同じベッドで寝ているじゅんくんとうーたんの寝顔を見たら、リビングにいる小さな家族（ペット）に挨拶します。洗面所で顔を洗い、スキンケア。歯を磨きながら体を伸ばしてストレッチしたら、洗濯機のスタートボタンを押します。

ダイニングでコップ1杯の水を飲み、キッチンに立って朝ごはんの準備。自然とうーたんが起きてきて、朝ごはんができたらじゅんくんを起こし、家族で食卓を囲みます。うーたんの身支度をして、8時に幼稚園へお見送り。キッチンとダイニングをリセットしたら、洗濯物を干します。

9時、小さな家族に朝ごはんをあげて、トイレや水をキレイにしたら、リビングも掃除。そのまま洗面所で水回りをぴかぴかに磨き上げ、新品みたいにまっさらな鏡の前でメイク。こうして私の愛すべき1日が始まります。

Lesson
7
大切な人と過ごす

〝片づけ〟が私に自信をくれた

実家で毎日「片づけなさい！」と怒られていた私が、整理収納マニアになり、まさか本まで出すとは夢にも思っていませんでした。もともと「自分らしい仕事で独立したい」という気持ちはあったものの、自信がなかった私。今でも自分の言葉で話すのが苦手で、動画の撮り直しも多いのですが、視聴者さんの声が支えになり、背中を押され、今の活動があります。

ＹｏｕＴｕｂｅを始めた２０１７年は、まだＹｏｕＴｕｂｅｒという職業が今ほど認められていなかったので、あまり胸を張れませんでした。「うーたんが大きくなったら、ＹｏｕＴｕｂｅｒのママを恥ずかしいと思わないかな？」と不安でしたが、今は幼稚園の先生に自分から「ママは、ほしのこチャンネルなんだよ！」と自慢しているそう。最初は「ＹｏｕＴｕｂｅを始めても家事はちゃんとやってね」といっていたじゅんくんも、亭主関白を卒業し、家事を分担して私の活動をサポートしてくれるようになりました。

整理や収納などの片づけは、ＹｏｕＴｕｂｅを始めるときに注力しようと決めたメインコンテンツのひとつで、多くの方に知っていただくきっかけになりました。発信するなかで好みのインテリアも収納方法も変わりましたが、この本には視聴者さんの声を聞きながら改善を重ねたテクニックや考え方を詰めこんでいます。ただ、どうしても伝えておきたいのは、ルールに縛られなくていいということ。「家が片づいている人＝ミニマリスト」というイメージもありますが、少なくとも私はミニマリストではありません。自分の生活に必要な物がたくさんあるなら、家のキャパと相談しながら、上手に収納していけばいい。自分に合った家をイメージできるのは自分だけですから、この本をヒントにして、自分らしい家づくりを楽しんでいただけたらうれしいです。

いつも動画を見てくださっている方、こうして本を手に取ってくださっている方には感謝の気持ちでいっぱいです。みなさんの家がもっと素敵になるように願っています。それではまた次回の動画か本でお会いしましょう！

ほしのこ

ほしのこ

主婦YouTuber。
1992年千葉県生まれ。1児の母。24歳からYouTubeでの動画投稿を始めて、美容や収納、インテリア、料理などを中心に日々の生活に役立つ情報を発信。11歳年上の夫とのVlogや夫婦のお悩み相談も人気コンテンツとなっている。2018年には年間で41社ものスポンサー企業がつき、YouTuber案件王として話題に。主婦YouTuberのパイオニアとして着実にファンを増やし、チャンネル登録者数は44万人（2021年11月末時点）を超える。2021年4月より「何かにとらわれることなくありのままのお洒落を楽しんでほしい」をコンセプトとしたアパレルブランド「Aprily（アプリリー）」も始動し、活動の幅を広げている。

▸ **YouTube**
https://www.youtube.com/channel/UCM_Ll26nXOkscq0YSpBmgyg

▸ **Instagram**
https://www.instagram.com/hoshinoko728/

▸ **Twitter**
https://twitter.com/hoshinoko_728

▸ **TikTok**
https://www.tiktok.com/@hoshinoko728.28

▸ **Aprily**
https://aprily.jp/

STAFF

編集協力　若狭和明（株式会社スタジオポルト）、秋カヲリ
デザイン　鄭ジェイン（株式会社スタジオダンク）
撮影　三輪友紀（株式会社スタジオダンク）
編集　村上智康

制作協力

イケア・ジャパン
イデア株式会社／ideaco
イノマタ化学株式会社
エステー株式会社
株式会社カインズ
花王株式会社
株式会社グラフィコ
株式会社セリア
株式会社大創産業
株式会社東邦
有限会社南幸／mon・o・tone
株式会社ニトリ
株式会社パル／3COINS
ペッツバリュー株式会社
山崎実業株式会社
株式会社良品計画

Make《メイク》 My《マイ》 Best《ベスト》 Life《ライフ》

私《わたし》らしい部屋《へや》づくりの秘訣《ひけつ》

2021年12月22日　初版発行
2022年 1 月25日　再版発行

著者　ほしのこ
発行者　青柳 昌行
発行　株式会社KADOKAWA
〒102-8177　東京都千代田区富士見2-13-3
電話 0570-002-301（ナビダイヤル）

印刷所　凸版印刷株式会社

●お問い合わせ
https://www.kadokawa.co.jp/（「お問い合わせ」へお進みください）
※内容によっては、お答えできない場合があります。
※サポートは日本国内のみとさせていただきます。
※Japanese text only

定価はカバーに表示してあります。

ISBN 978-4-04-605291-9　C0077